現代
地方自治の焦点

横山純一 [著]
Yokoyama Junichi

同文舘出版

はしがき

　1990年代に地方分権の議論が盛んに行われ，それは地方分権一括法の成立に結実した。近年は，国の財政再建が前面に出る中で地方分権の流れは停滞しているけれども，地方自治体の中には，独自の問題意識と視点をもちながら高質な福祉政策や教育政策，産業政策を行うところが増え，また，政策評価や情報公開，自治基本条例の制定などで成果を上げてきている自治体も少なくない。さらに，税源配分の三位一体改革，道州制，市町村合併など，近年，地方自治に関する注目すべき問題が多数浮上している。

　筆者は，このような状況を踏まえ，三位一体改革や道州制，市町村合併，過疎地域の医療，介護保険の改定，近隣自治，児童福祉，ＮＰＯなどについて，財政の視点を軸にしながら勉強するとともに，自治体などでの実態調査を行い，その一部を雑誌などに発表してきた。本書は，これらの諸問題についての筆者の考えを1冊の本にまとめたものである。

　今日，国の政策の基調が大きく変化しているが，財政と経済の効率化や市場原理主義が過度に強調されすぎているように思われる。これでは，地域間の格差や貧富の格差は大きく拡大することになるだろうし，実際，そうなってきてもいる。「ヒト」と「カネ」がグローバルに動いている中で，地域経済は疲弊し，地方には閉塞感がただよっているのである。もちろん，国と地方の厳しい財政状況が存在し，時代のニーズからかけ離れた事業の見直しや，明らかに「無駄」と思われる歳出の削減が必要である。しかし，このような厳しい財政状況を認識したうえでも，現在，政府が行っている改革とは別のやり方を行うことができるのではないだろうか。そうしなければ，効率化になじまない地域，グローバルに動くことができにくい産業特性を持つ地域は行き詰まってしまう。このような地域には，財政の持つ所得の水平的再分配機能が確実に活かされなければならない。その一方で，地域自らも，様々な創意・工夫を行って，地域の維持・発展に取り組む必要があるのは言うまで

もない。

　本書では，義務教育における国の役割の重要性，行政効率化一辺倒ではなく地方自治の拡充と地域経済を斟酌した道州制，市町村合併に代わるものとしての自治体間連携や広域連合制度の活用，過疎地域の医療の今後のありかた，コミュニティ重視と近隣自治の検討，子育て支援と地域の連携，若者の雇用問題とNPOの役割などについて論じた。「地方分権」，「地域産業」，「コミュニティ」，「連携・協働」が，今後の地域発展のキーワードになるだろう。

　本書は，書き下ろしを行った第1章，第3章を除き，これまで雑誌などに執筆してきた拙稿に大幅に加筆・修正を施している。

　本書出版に際し，前回の『高齢者福祉と地方自治体』（単著，2003年4月）に引き続いて，同文舘出版の秋谷克美氏に限りなくお世話になった。厚く御礼申し上げたい。

2006年1月11日

横山純一

各章の初出の掲載誌と論文名は以下のとおりである。

第2章
　「道州制と北海道開発予算の現状・課題」，日本地方自治学会編『道州制と地方自治』，2005年11月，敬文堂，所収

第4章
　「公営企業論」，神野直彦編『自治体改革8――地方財政改革』，2004年12月，ぎょうせい，所収

第5章
　「介護保険の見直しと財源問題」，『公衆衛生』69巻8号，2005年8月，医学書院，所収

第6章
　「近隣政府と住民自治」，『生活経済政策』2004年12月号，2004年11月，社団法人生活経済政策研究所，所収

第7章
　「三鷹市子ども家庭支援センターすくすくひろば」，社団法人北方圏センター「少子・高齢社会における地方自治体としての取り組み」調査研究委員会編『少子・高齢社会における地方自治体としての取り組み』，2001年3月，社団法人北方圏センター，所収

第8章
　「ＮＰＯは若者の雇用の場になり得るのか」，『北海道自治研究』413号，2003年6月，社団法人北海道地方自治研究所，所収

● もくじ ●

第1章　税源配分の三位一体改革と中央―地方

1　税源配分の三位一体改革と初年度の内容 ——————————— 3
2　2年目の激しい攻防と義務教育費国庫負担金制度 ——————— 5
　(1)　地方6団体案……5
　(2)　2年目の攻防（2005年度に向けた攻防）と義務教育費国庫負担金制度……6
3　先送りが多かった2年目（2005年度） ————————————— 9
　(1)　先送りが多かった2年目……9
　(2)　交付金化が進む……10
　(3)　とりあえずなくなった地方交付税大幅削減……12
4　住民税所得割移譲の問題点 —————————————————— 12
5　国庫補助負担金の廃止縮減の課題 ——————————————— 16
　(1)　集権行政の限界……16
　(2)　ナショナルミニマムと国・地方の役割分担……18
　(3)　新しいナショナルミニマムと国庫補助負担金……19
　(4)　維持と弾力化が必要な義務教育費国庫負担金……23
　(5)　総額裁量制と義務教育費国庫負担金……25
　(6)　総額裁量制の課題と今後の弾力化への展望……27
　(7)　生活保護費国庫負担金……28
　(8)　増えた交付金化……28
6　むすびにかえて ——————————————————————— 31

第2章　道州制と北海道開発予算の現状・課題

1　問題の所在 ————————————————————————— 37

- 2 道州制の仕組みと役割 ──────────────── 39
  - (1) 集権行政の限界と地方分権推進の機運の高まり……39
  - (2) 地域のニーズにあった事業展開がしやすくなる仕組みづくりの必要性
    ……40
  - (3) 道州制の仕組み……41
  - (4) 道州制検討懇話会の最終報告書と道のこれまでの取り組み状況……43
  - (5) 道州制を各経済圏域の発展に……44
- 3 北海道開発予算の現状と課題 ──────────── 46
  - (1) 北海道開発予算の分析の必要性……46
  - (2) 北海道開発予算の現状……47
- 4 道州制と地域分権 ─────────────────── 60
  - (1) 道州制と道内分権（道州と市町村の関係）……60
  - (2) 支庁とは別に（当初は支庁の中に）経済産業政策を担う組織をつくる
    ……63
  - (3) 一括交付金・包括補助金の提案……64
- 5 本格的な道州制への過程論
  （地域振興と行政改革の両立としての過程論） ──────── 65
- 6 むすびにかえて ──────────────────── 66

第3章 市町村合併問題と北海道の新しい自治のかたちの模索

- 1 平成の大合併の現状 ────────────────── 69
  - (1) 平成の大合併の現状……69
  - (2) 北海道における市町村合併の現状……71
- 2 どのような合併が成功するのか(1) ─────────── 76
- 3 どのような合併が成功するのか(2) ─────────── 78
- 4 市町村合併による行政改革の停滞と合併特例債の陥穽 ──── 82
  - (1) 多い「駆け込み合併」と目立った法定合併協議会での議論不足……82

(2) 合併特例債と地方交付税の合算特例……*85*
　　(3) ラディカルな行政改革へのシフト……*88*
5　財政制約の中で市町村はどう将来を描くのか ——————— *89*
6　市町村の広域連携と広域連合の勧め ——————————— *91*
7　市町村の未来 ————————————————————— *95*
8　夢を追いかけよう—北海道の新しい自治のかたちを求めて ——— *97*

第4章　過疎地域の医療の将来と広域連合制度

1　病院事業と地方公営企業の負担区分の原則 ———————— *101*
2　過疎地域と病院事業 —————————————————— *111*
3　病院事業の広域連合の積極的検討の必要性 ———————— *113*

第5章　介護保険制度の大幅見直しと介護財源問題

1　高齢社会の進行と要介護者の増大 ————————————— *117*
2　介護の総費用の増大と介護保険料問題 ——————————— *119*
3　介護保険制度改革のスケジュールと介護保険制度改正法案の成立 — *121*
4　介護保険制度改正法案の内容 ——————————————— *121*
　　(1) 介護保険料段階の細分化……*122*
　　(2) 予防重視型システムへの転換……*123*
　　(3) 施設給付見直し……*124*
　　(4) 保険料負担と給付の対象拡大……*125*
　　(5) 地域包括支援センターの設置……*126*
　　(6) ケアマネジメントの見直し……*126*
　　(7) 2006年度〜2008年度の年間給付総額は6.5兆円を予定……*128*
　　(8) 地域密着型サービスを創設し、事業者指定・指導監督は市町村長になる……*129*

- (9) 施設やサービス内容に関する情報公開を事業者に義務づけ……*129*
- (10) 要介護認定調査の見直し……*129*
- (11) ケアつき高齢者住宅の整備……*131*
- (12) 地域介護・福祉空間整備等交付金の設立……*131*

5　介護保険改正案の評価 ——————————————*133*
- (1) ケアマネジャーに関する問題……*133*
- (2) 地域包括支援センターの運営……*134*
- (3) 新予防給付の対象となった高齢者とこれまでの介護サービスとの関係……*136*
- (4) ホームヘルパーの待遇改善問題……*136*
- (5) グループホームに関する問題……*137*
- (6) 地域介護・福祉空間整備等交付金の創設と特別養護老人ホームの建設問題……*139*
- (7) １号保険料と税制改正の影響……*140*
- (8) 施設給付の見直しといわゆる「ホテルコスト」（食費と居住費）の全額自己負担化……*141*

6　社会保障制度の抜本改革へ ——————————————*142*

第6章　近隣政府と住民自治

1　近隣自治論議の活発化 ——————————————*147*
2　「自治的コミュニティ」と「近隣自治政府」 ——————————————*148*
3　市町村合併と近隣政府 ——————————————*150*
4　福島県飯舘村にみる狭域自治と自治体内分権(1)
　　——飯舘村と市町村合併 ——————————————*153*
5　福島県飯舘村にみる狭域自治と自治体内分権(2)
　　——集落自治の仕組みと狭域政策 ——————————————*156*

第7章 新しい児童福祉施策としての三鷹市「子ども家庭支援センターすくすくひろば」

1 はじめに ——————————————————————— 163
2 三鷹市「子ども家庭支援センターすくすくひろば」を取り上げる理由 ——————————————————————— 164
3 報告書「子育てにやさしいまち・三鷹をめざして」(三鷹市発行，三鷹市健康福祉部児童福祉課編集，1997年3月)の検討 —— 167
4 「三鷹市子ども家庭支援センターすくすくひろば」事業について(1) ——————————————————————— 169
5 「三鷹市子ども家庭支援センターすくすくひろば」事業について(2) ——————————————————————— 170
6 少子化対策の課題と展望 ——————————————————— 174
7 むすびにかえて ——————————————————————— 180

第8章 NPOは若者の雇用の場になり得るのか

1 はじめに ——————————————————————— 183
2 NPO活動の出てきた背景とNPOの役割 ——————————— 184
3 NPOは若者の雇用の場になり得るのか
　──NPOについてのいくつかの論点 ——————————— 186
4 高齢者介護NPOの課題
　──高齢者介護NPOと賃金労働条件を中心に ——————— 191
5 今後のNPOの展望 —————————————————————— 194
6 むすびにかえて ——————————————————————— 197

現代地方自治の焦点

第1章 税源配分の三位一体改革と中央―地方

税源配分の三位一体改革と初年度の内容

　税源配分の三位一体改革とは何であろうか。地方自治体（都道府県，市町村）の主要な財源は地方税，地方交付税，国庫補助負担金である。都道府県の歳入総額に占める割合は，地方税が31.0％，地方交付税が20.0％，国庫補助負担金が15.7％で，市町村の歳入総額に占める割合は，地方税が33.7％，地方交付税が15.8％，国庫補助負担金が10.2％であった（2003年度決算）。税源配分の三位一体改革とは，地方自治体の三大財源である地方税，地方交付税，国庫補助負担金をそれぞれ個別に改革するのではなく，三者を相互に関連づけて一体的に改革しようとするものである。つまり，2004年度から2006年度までの3年間に，地方向けの国庫補助負担金約20兆円（国庫補助負担金全体では28兆円あるが，このうち20兆円が都道府県・市町村向け）のうち4兆円程度を廃止・縮減する，廃止・縮減する国庫補助負担金の対象事業のうち引き続き地方が実施主体で実施するものには税源移譲（基幹税を移譲）する，地方交付税は期間中に改革を進める，というものである。ただし，国庫補助負担金の削減額と同額の税源移譲が行われるのではなく，義務的な事業については徹底的な効率化を図ったうえで所要の全額を移譲し，その他の事業は8割程度を目安に移譲することになっている。

　しかし，実際には，初年度は三位一体改革ではなく，三位ばらばら改革になった点を強調しておきたい。つまり，国庫補助負担金削減・税源移譲とリンクせずに，一方的に地方交付税の削減が進められたのである。つまり，

■資料1-1 2005年度補助金改革のイメージ（概数）

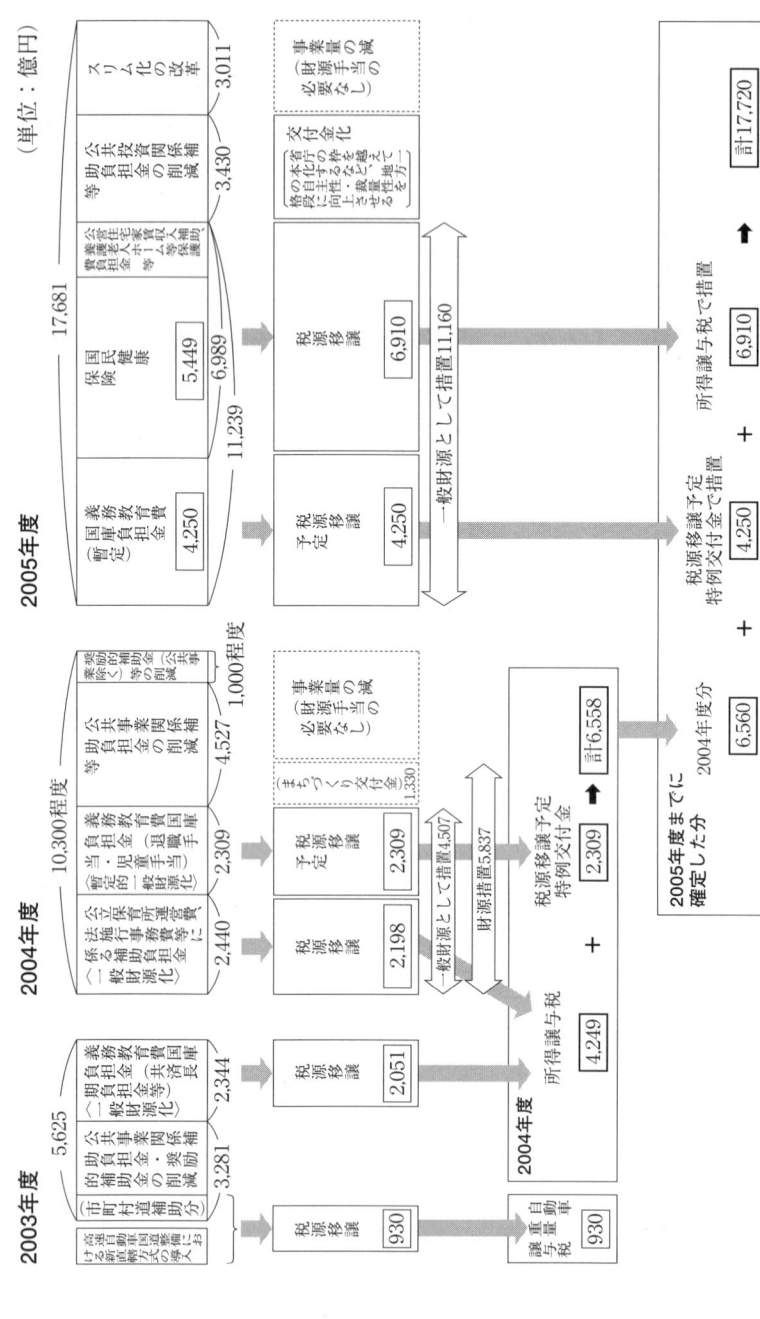

[出所] 中川真「平成17年度補助金改革（三位一体改革）について」『ファイナンス』2005年2月号。

2004年度には地方交付税と臨時財政対策債の合計額が，前年度に比べて2兆8,000億円減少した。このために多くの自治体が，2004年度の予算編成に苦労したのである。

2004年度の国庫補助負担金と税源移譲の関係をみれば（資料1-1），2004年度は国庫補助負担金1兆300億円が削減された。公立保育所運営費にかかわる負担金（1,660億円）や介護保険事務費交付金（305億円）などが恒久的一般財源化されるとともに（計2,440億円），義務教育費国庫負担金の退職手当・児童手当分（2,201億円）と公立養護学校教育費負担金の退職手当・児童手当分（108億円）が廃止され，税源移譲までの暫定的一般財源化（計2,309億円）がなされた。さらに，公共事業関係国庫補助負担金や奨励的補助金等が合計で約5,500億円削減された。恒久的一般財源化された部分（2,198億円）と2003年度に三位一体改革の芽出しとして一般財源化された義務教育費国庫負担金のうちの共済費長期負担金等2,051億円にかかわる合計4,249億円分については，2004年度から所得譲与税の移譲（基幹税移譲実現までの間）が行われ，義務教育費国庫負担金などの退職手当・児童手当廃止分については，地方特例交付金の1つとして税源移譲予定交付金を創設して所要額が措置された。公共事業関係国庫補助負担金削減分については1,330億円がまちづくり交付金となったが，これ以外の削減分や奨励的補助金削減分には財源が手当てされず事業量の減少となった。

2年目の激しい攻防と義務教育費国庫負担金制度

(1) 地方6団体案

2004年8月24日に，地方6団体は，2006年度までに約3兆2,000億円の国庫補助負担金の削減を決めた全国知事会案（2004年8月19日決定）を地方6団体の共同案とすることを決定した。この地方6団体案は，2005年度と2006年度に移譲対象とする国庫補助負担金を3兆2,000億円とする一方で，税源移譲

額を3兆円とした。❶でみてきたように，初年度の国庫補助負担金削減は，各省庁が所管する国庫補助負担金を「薄く広く」削って積み上げる方式であり，保育所運営費国庫負担金など一部の国庫補助負担金を除けば少額の国庫補助負担金削減が目立ち，分権論や政策論を踏まえた削減とは言い難かった。これに対して地方6団体案は，基本的に政策判断を地方に移す性格をもった削減案と言ってよく，金額的に大きい国庫補助負担金の全廃が打ち出されたところに特徴があった。とくに文部科学省所管の国庫補助負担金の削減額は1兆1,458億円で，削減額全体にしめる割合は約35％を占めた。なかでも，義務教育費国庫負担金（中学校教職員給与費相当分）約8,000億円が全廃とされている点が注目された。しかし，地方6団体案には課題も少なくなかった。

(2) 2年目の攻防（2005年度に向けた攻防）と義務教育費国庫負担金制度

2005年度に向けては，約2兆5,000億円と規模が大きい義務教育費国庫負担金の義務教育学校教職員給与費相当分の取り扱いが最大の焦点になった。先にみたように，地方6団体案は中学校教職員給与費相当分の義務教育費国庫負担金の一般財源化を提案した。中学校だけではなく小学校も含めた義務教育費国庫負担金の教職員給与費相当分の一般財源化については，次のように整理し，考えることができるだろう。

A　一般財源化をめぐり，地方6団体の中核的役割を果たす知事会の内部で意見が分かれた。なるほど知事会案に最終的に反対を貫いたのは群馬，山梨，長野，三重，愛媛，広島，大分の7県のみで，総会の意思決定に必要な3分の2以上が賛成した。しかし，義務教育費の国庫負担廃止には反対だが少数意見が明記される条件を付けて賛成する知事も少なくなかった。また，賛成派知事の中にも，国庫補助負担金の削減をする場合，義務教育費国庫負担金の廃止の優先順位は最後のほうでよいとする意見も多かった。

B　一般財源化が実現すれば，都道府県が人事と財源の強い権限を持つこと

になるため，現実には市町村に移譲されない都道府県の権限強化に否定的な意見を述べる市町村長が少なくない。総額裁量制など義務教育費国庫負担金の弾力化でよいとする市町村長も多いのである。

C　この問題を考える場合，義務教育と地方分権の関係を根本的に考える視点が重要なのではないか。例えば，地方分権ということで学校選択制を極端に進めた場合，男女の比率が極端に違う学校が出るかもしれない。それで義務教育上よいのだろうか。また，現在，不登校やいじめなどの問題が多数起きている。さらに，大都市を中心に，私立学校が人気を集めている，小中学生の多くが塾に通う，など義務教育にかかわる課題が続出している。これらの問題をどのように解釈するのか，また一般財源化によって，どこまで解決できるのかなどが考察されなければならない。

D　地方6団体案では，義務教育費国庫負担金のうちの中学校教職員給与費相当分のみ削減し，小学校の教職員給与費相当分については先送りした。同じ義務教育なのに，中学校部分のみを一般財源化する理由は必ずしも明確ではない。教育のありかたを今後どのようにするのかという視点は弱いと言えるし，これでは2年間で約3兆円削減するための数字合わせ優先ととられても仕方あるまい。

E　三位一体改革以前には，教員と切り離して学校事務職員と栄養職員について一般財源化する議論が存在し，どちらかというとこちらのほうが一般財源化の議論の主流であった。今回は，教員・学校事務職員・栄養職員の三者を一括してとらえる議論が中心である。これは義務教育費国庫負担金の大部分を教員給与が占め，学校事務職員，栄養職員の給与部分は少額にすぎないからだろう。2004年度概算要求額では，義務教育費国庫負担金が2兆6,891億円，公立養護学校教育費国庫負担金が1,319億円（両者合計2兆8,210億円）であった。これを職種別概算要求額でみると，校長・教諭，養護教諭等が2兆6,642億円（要求人員65万8,754人），学校事務職員1,251億円（要求人員3万5,767人），学校栄養職員318億円（要求人員9,681人）で，教員部分が実に約94.5％を占めていたのである。

F 三位一体改革による国庫補助負担金4兆円削減に見合う基幹税の移譲で有力なのは個人住民税所得割だが，財政力の弱い道府県の場合，国庫補助負担金削減分に見合う税源移譲が実現しないケースが生まれる可能性がある。詳しくは❹で述べることにしよう。

G Fのような問題に対し，果たして減少分をきちんと地方交付税でみてもらえる保証があるのだろうか。「義務標準法」（「公立義務教育諸学校の学級編成および教職員定数の標準に関する法律」）があるため地方交付税措置はとられるが，あくまで地方交付税の基準財政需要額に乗せるのであって，減少分が地方交付税としてそのまま都道府県に入ってくるわけではない。また，地方交付税が縮小されていることや公債費のピークをこれから迎える都道府県があることを考えれば，一部の富裕な都府県を除けば，厳しい教育財政状況が生まれる可能性がある。一般財源化された場合，財政状況が悪化している都道府県では，基準財政需要額どおりの教育費支出が行われず，例えば非常勤講師の採用が多くなる可能性が高まるだろう。義務教育費国庫負担金が廃止され，都道府県に税源移譲がなされれば，都道府県は教育費を削減する「裁量」を与えられることになるからである。また，将来的には，地方交付税制度のあり方などが激変すれば，義務標準法の撤廃可能性も否定できない。さらに，所得税の32％が交付税の原資の補填も課題になるだろう。

H 都道府県立の高校では地方交付税と地方税で行っている実績が現在あるので，小・中学校でも高校同様に義務教育費国庫負担金がなくても問題は生じないとの見方がある。しかし，現在の高校における財源保障や教職員定数の確保は，義務教育における義務教育費国庫負担金の存在があるからだとも考えられる。義務教育費国庫負担金が廃止されるならば，果たして，義務教育学校は，これまでの高校のような機能の発揮ができるのだろうか。

I 何よりも確認したいのは，教育の地方分権の流れは必要であり，教育財源は財源保障と現場（市町村や学校現場）での使い勝手のよさがポイントになる。そこで，一般財源化の議論ばかりではなく，フィンランドなどで

採用されている自治体の支出の裁量権を拡大する教育包括補助金制度（省庁別補助金を大幅に弾力化した制度）が検討されてよいと筆者は考える[1]。その意味では，文部科学省がすすめてきた総額裁量制などの義務教育費国庫負担金の弾力化は一定の意義を持つ。しかし，これは人件費以外には使えない。そこで，今後，人件費以外にも使えるようなシステム構築が必要になるだろう。

先送りが多かった2年目（2005年度）

(1) 先送りが多かった2年目

地方6団体案が注目された2年目だったが，最終的には，2006年度までの三位一体改革の全体像にかかわる政府与党合意（2004年11月26日）を受けた後の2005年度予算において，1兆7,681億円の国庫補助負担金の廃止・縮減（義務教育費国庫負担金4,250億円，国民健康保険事業の国庫負担金5,449億円，公共事業関係国庫補助負担金3,430億円，奨励的補助金等3,011億円）が行われた（資料1-1）。

ただし，暫定的な決着が多かった。義務教育費国庫負担金については，地方6団体案の中学校教職員給与費相当分を直接対象として一般財源化が行われたのではなかった。これについては，2005年秋に出ると見込まれる中央教育審議会（中教審）答申の結果を待って，存廃を決定することになったのである。そこで，中教審の結果次第では一般財源化の撤回もありえることになった[2]。また，初年度から引き続き課題とされた生活保護費国庫負担金・児童扶養手当給付費国庫負担金の国庫負担率引き下げの可否についても，2005年度中に結論を得ることとして先送りされた。具体的には「地方団体関係者が参加する協議機関を設置して検討を行い，2005年秋までに結論を得て，2006年度から実施する」と。

税源移譲については，義務教育費国庫負担金4,250億円の廃止・縮減分につ

いては4,250億円の税源移譲予定特例交付金が，国民健康保険国庫負担金，公営住宅家賃補助，養護老人ホーム等保護費国庫負担金などの廃止・縮減分については6,910億円の所得譲与税が措置された。また，公共事業関係国庫補助負担金の削減分については交付金化措置がとられた。さらに，奨励的補助金等についてはスリム化がすすめられ，財源手当は必要なしとされた。

なお，2005～2006年度の三位一体改革の全体像については，次のような政府与党合意（暫定的な決着）がなされた。つまり，国庫補助負担金の削減額は2年間で2兆8,380億円で，これを税源移譲で1兆7,700億円，交付金化で6,000億円の財政措置をとり，残りの4,700億円はスリム化を図るとした。そこで，2004～2006年度の3年間では，国庫補助負担金の廃止・縮減額は3兆8,680億円にのぼるが（三位一体改革の芽出しである義務教育費国庫負担金の共済長期負担金分2,344億円を含めると4兆1,024億円），税源移譲（所得譲与税と税源移譲予定特例交付金）のほうは，現段階では2兆4,160億円にすぎない。政府の「基本方針2004」での「おおむね3兆円規模を目指す」とされた金額には，6,000億円程度少ないのである。

(2) 交付金化が進む

2年目は交付金化が進んだ。それは，施設整備や公共事業関係の国庫補助負担金において顕著にみられた。このような交付金化の動きに対し，補助金所管省庁の権限温存であるとか，税源移譲を求める地方団体に対する中央省庁の巻き返しであるとの批判が強いが，次のような事情も横たわっており，考慮されなければならない。つまり，公共事業関係の国庫補助負担金の財源が建設国債を充当していることから税源移譲の対象にならない，という財務省の強い主張があることである。さらに，交付金化によって，省庁の枠を超えて補助金の1本化がなされたり，省庁別補助金の弾力化が進み，多少なりとも地方の使い勝手がよくなり，地方の自主性の向上に寄与していると歓迎の声が上がっている点である。例えば，地域再生基盤強化交付金（810億円）が省庁の枠を超えてつくられたが，そのうちの1つである汚水処理施設整備

■資料1-2 地域再生基盤強化交付金の創設と具体的なスキームの例

〈地域再生基盤強化交付金の創設	810億円〉
○道整備交付金（道路，農道，林道）	270億円
○汚水処理施設整備交付金（下水道，農業集落排水等，浄化槽）	490億円
○港整備交付金（港湾，漁港）	50億円

〈具体的なスキームの例：汚水処理施設整備交付金〉

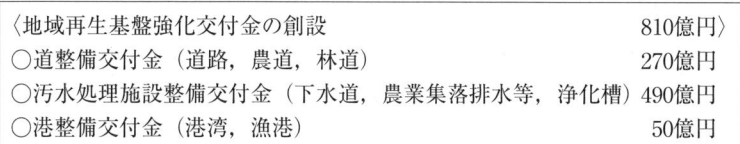

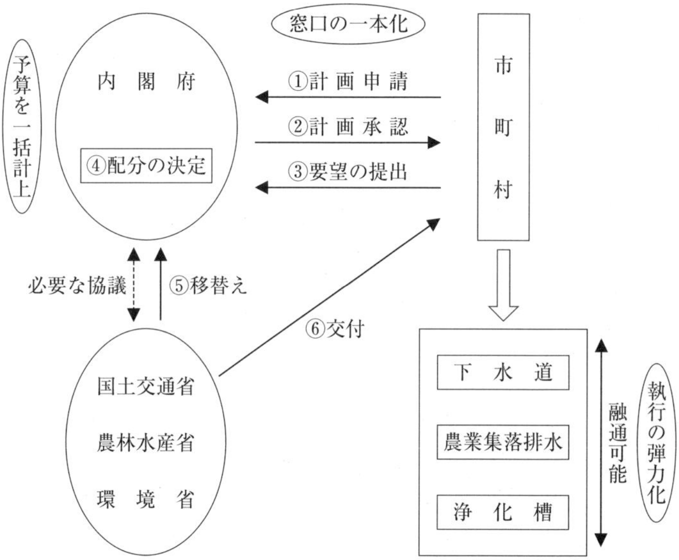

○各事業の採択は，それぞれに制度ごとに実施	⇒	○一本の交付金の下，地域再生計画に基づき地方の裁量により自由な施設整備が可能
○申請，交付等の手続は，それぞれの省庁に対して行う	⇒	○計画の申請，予算要望等の手続は，窓口を一本化することにより大幅に簡素化
○各年度の予算は，他事業への融通等ができない	⇒	○地方は，事業の進捗等に応じ，事業間での融通や年度間の事業量の変更が可能

〔出所〕資料1-1に同じ。

交付金（490億円）は，国土交通省の下水道，農林水産省の農漁業集落排水事業，環境省の浄化槽事業の国庫補助負担金を1本化してつくられたもので，資料1-2のように，内閣府のもとに一括して予算計上するものである。内閣府のもとに窓口を1本化することにより，地域再生計画の申請，予算要望等の手続きは大幅に簡素化されるし，地方は地域再生計画に基づき地方の裁量による施設整備が可能となる。また，地域介護・福祉空間整備等交付金（866億円）が設立されるとともに，2004年度予算において創設されたまちづくり交付金が拡充された（2004年度1,330億円，2005年度1,930億円）。これらの交付金は，省庁別補助金の弾力化を示すものである[3]。

(3) とりあえずなくなった地方交付税大幅削減

すでに指摘したように，三位一体改革の初年度は，国庫補助負担金や税源移譲と関連することなく，一方的に地方交付税の大幅削減が行われた。2001年度以降，毎年地方財政計画の規模縮小が続き，したがって三位一体改革の2年目の地方交付税が注目されたが，2005年度と2006年度は，2004年度並みの一般財源総額（地方税，地方交付税，臨時財政対策債）の確保が確定した。また，税源移譲に伴う増収分は基準財政収入額に当面100％算入された。

住民税所得割移譲の問題点

三位一体改革では基幹税の移譲が方針化されているが，現段階でもっとも採用可能性が高いのは住民税所得割（道府県民税，市町村民税）の移譲で，税率は，現行の累進税率ではなく，比例税率10％が有力である。そして，約3兆円の住民税所得割収入額が得られる計算となっている。なお，道府県民税と市町村民税の比率は3対7が有力である。

住民税所得割の移譲には次のような課題がある。まず，財政力の弱い自治体は富裕自治体よりも現在の住民税額に比べて伸び率は高くなるが，収入増

第1章 ▶▶▶ 税源配分の三位一体改革と中央─地方

■資料1-3　税源移譲による個人住民税の影響額（10％比例税率化の試算，県：市＝3：7）

(単位：百万円)

	現行住民税額	現行都道府県民税額	現行市町村民税額	移譲住民税額	移譲都道府県民税額	移譲市町村民税額	住民税増収額	都道府県民税増収額	市町村民税増収額
北海道	287,527	84,777	202,750	407,353	122,206	285,147	119,826	37,429	82,397
青森県	59,621	17,842	41,779	85,997	25,799	60,198	26,377	7,957	18,420
岩手県	57,540	17,374	40,166	83,837	25,151	58,686	26,297	7,777	18,520
宮城県	120,900	35,604	85,296	170,997	51,299	119,698	50,097	15,696	34,402
秋田県	44,795	13,540	31,255	65,278	19,583	45,695	20,483	6,044	14,440
山形県	51,531	15,689	35,841	75,716	22,715	53,001	24,185	7,026	17,160
福島県	89,832	27,255	62,577	131,763	39,529	92,234	41,931	12,274	29,657
茨城県	165,524	48,649	116,945	235,407	70,622	164,785	69,813	21,973	47,839
栃木県	109,948	32,638	77,309	157,270	47,181	110,089	47,322	14,542	32,779
群馬県	105,226	31,463	73,763	151,410	45,423	105,987	46,184	13,960	32,223
埼玉県	492,294	141,027	351,268	676,418	202,925	473,493	184,124	61,899	122,225
千葉県	449,821	126,985	322,836	606,270	181,881	424,389	156,450	54,896	101,553
東京都	1,319,260	355,688	963,572	1,627,813	488,344	1,139,469	308,553	132,656	175,897
神奈川県	759,124	210,965	548,159	999,850	299,955	699,895	240,726	88,990	151,736
新潟県	113,254	34,350	78,904	165,749	49,725	116,025	52,495	15,375	37,120
富山県	61,872	18,709	43,163	90,355	27,101	63,253	28,463	8,392	20,071
石川県	66,591	19,872	46,719	95,404	28,621	66,782	28,813	8,749	20,063
福井県	45,110	13,529	31,580	65,150	19,545	45,605	20,040	6,016	14,024
山梨県	45,810	13,657	32,153	65,853	19,756	46,097	20,043	6,099	13,945
長野県	112,511	34,055	78,456	164,446	49,334	115,112	51,935	15,278	36,656
岐阜県	117,879	34,958	82,921	167,600	50,280	117,320	49,722	15,322	34,399
静岡県	239,626	70,626	169,000	338,894	101,668	237,226	99,269	31,043	68,266
愛知県	529,948	151,119	378,829	717,884	215,365	502,519	187,936	64,247	123,689
三重県	105,939	31,223	74,716	150,507	45,152	105,355	44,568	13,929	30,639
滋賀県	78,816	23,160	55,656	111,955	33,587	78,369	33,140	10,427	22,713
京都府	158,438	45,258	113,180	215,066	64,520	150,546	56,628	19,262	37,367
大阪府	547,903	155,996	391,907	739,471	221,841	517,630	191,568	65,846	125,723
兵庫県	361,962	102,543	259,419	486,091	145,827	340,264	124,129	43,285	80,844
奈良県	93,786	26,306	67,480	124,893	37,486	87,425	31,107	11,162	19,945
和歌山県	48,894	14,293	34,601	68,518	20,555	47,963	19,624	6,262	13,362
鳥取県	27,506	8,340	19,165	40,359	12,108	28,251	12,853	3,767	9,086
島根県	34,386	10,396	23,990	50,251	15,075	35,175	15,864	4,679	11,185
岡山県	98,250	29,314	68,937	140,968	42,290	98,678	42,718	12,977	29,741
広島県	168,553	49,330	119,223	235,883	70,765	165,118	67,329	21,977	45,849
山口県	75,750	22,600	53,150	108,968	32,690	76,278	33,218	10,091	23,127
徳島県	38,812	11,376	27,436	54,671	16,401	38,270	15,859	5,025	10,834
香川県	54,534	16,127	38,407	77,499	23,250	54,249	22,965	7,122	15,842
愛媛県	65,043	19,442	45,601	93,366	28,010	65,357	28,324	8,568	19,756
高知県	36,634	10,870	25,764	52,164	15,649	36,515	15,530	4,779	10,751
福岡県	263,197	76,560	186,638	364,490	109,347	255,143	101,293	32,788	68,505
佐賀県	35,799	10,812	24,987	52,156	15,647	36,509	16,358	4,825	11,523
長崎県	63,300	18,787	44,512	90,301	27,090	63,211	27,001	8,303	18,698
熊本県	76,876	22,954	53,922	110,052	33,016	77,037	33,176	10,062	23,115
大分県	52,475	15,673	36,802	75,357	22,607	52,750	22,882	6,935	15,948
宮崎県	45,165	13,575	31,590	65,158	19,535	45,583	19,953	5,961	13,992
鹿児島県	69,370	20,754	48,616	99,495	29,848	69,646	30,124	9,094	21,030
沖縄県	46,853	13,753	33,100	65,921	19,776	46,145	19,069	6,024	13,045
全国合計	8,093,852	2,319,810	5,774,041	11,020,216	3,306,065	7,714,152	2,926,365	986,255	1,940,110

注1）計数は，2003年度市町村課税状況等の調による。
　2）配偶者特別控除の廃止，公的年金等控除の見直し，老年者控除の廃止の税制改正分は，考慮していない。
　3）税収額は，算出ベースであり，定率減税をはじめとする税額控除は，考慮していない。
　4）税収額はいずれも徴収率を加味していない。
　5）移譲住民税の都道府県民税と市町村民税は，3：7で配分した。

〔出所〕総務省．

大額はさほどではなく，税源偏在を是正するには至っていない点である（資料1-3）。現行の住民税は，5％，10％，13％の3段階の累進税率が適用されている。大都市部のほうが富裕層が多く，地方圏には富裕層はそれほど多くない。住民税の税率を比例税率にすれば，富裕層（最上位の税率13％）は減税になり，低所得者層（最下位の税率5％）は増税になるので，税収の伸び率は財政力の弱い自治体のほうが高くなる（資料1-4）。しかし，増収額はさほど大きくはならず，税源偏在の是正効果は限定的にならざるを得ないのである。そこで，財政力の弱い自治体は国庫補助負担金の削減額に見合う

■資料1-4 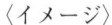個人住民税所得割の税率フラット化

個人住民税（所得割）の10％比例税率化により，約3兆円規模の税源移譲を実施。

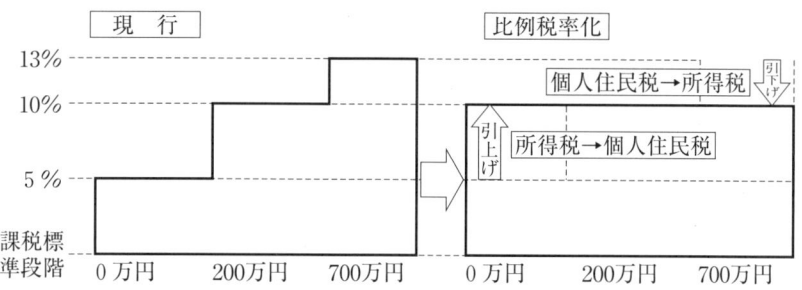

※これに伴う納税者負担の調整等のため，所得税（国税）においても，所要の制度改正を実施。

比例税率化に伴い，税源の偏在状況が縮小。

	個人住民税所得割 （2002年度決算）	現行シェアの 場合の移譲額	10％比例税率化 による移譲額	（参考） 人口
全国合計A	8.05兆円	約3兆円	約3兆円	1億2,700万人
うち東京B	1.32兆円	約4,800億円	約3,000億円	1,210万人
B／A	約16％	約16％	約10％	約10％

注1）「東京」は都と市区町村の合計値。
　2）東京の10％比例税率化による移譲額は，課税状況に基づく推計値。
　3）人口は，2000年度国勢調査による。
〔出所〕資料1-3に同じ。

一般財源額を確保することができるかが最重要の課題になる。つまり，財政力の弱い自治体に地方交付税がどの程度くるのか，財政力の弱い自治体への財源保障がどのように行われるのかが決定的に重要になる。

そこで，2004年秋に，総務省は，もしも義務教育費国庫負担金（中学校教職員給与費相当分，8,500億円）が一般財源化された場合の対策として，同額の税源移譲を求める一方で，税源移譲額が国庫負担金削減額よりも多くなる見込みの都府県（全部で8都府県）から，税源移譲額が国庫負担金額を下回る見込みの39道府県に財源を回して税収の偏在を是正しようと意図したようである。つまり，東京都から300億円，7府県（大阪府，神奈川県，愛知県，千葉県など）の地方交付税から800億円を不足している道県に回して，調整しようというのである（資料1-5）。しかし，このような地方交付税の税源移譲補正（？）ともいうべき水平的財政調整が，富裕な8都府県の合意を得ることができるのかは予断を許さない。とくに不交付団体である東京都の反発を招く可能性は高い。

2つ目の課題は，住民税の所得割移譲が細民重課になる可能性を内包して

■資料1-5　義務教育向け補助金改革のイメージ

（総務省試算，単位：億円）

	現行の国庫負担金額	税源移譲額	格差調整の方法
東 京 都	600	900	300億円を移転
7 府 県	2,500	3,200	100億円　交付税を800億円移転
39道府県	5,400	4,400	200億円　800億円

〔出所〕日本経済新聞2004年10月29日。

いることである。今回の三位一体改革では、所得税（国税）と住民税所得割（地方税）を合計した税負担額が各所得階層で変わらないように調整する方向になっている。比例税率化で約3兆円の住民税所得割収入が増大する見込みであるが、その分、控除の拡大などで所得税負担額（所得税収）を減らして税源移譲を行うことになるのである。その際に、高所得階層は住民税所得割の比例税率化に伴って住民税所得割の負担が減り（13％が10％になる）、所得税の税率構造が現行のままでは減税になるため、所得税の最高税率の引上げなどが考えられている。また、住民税率が5％から10％に上がる低所得階層に対しては、所得税率の引き下げなどで対応することが考えられている。だが、問題となるのは、一部の低所得階層の問題である。住民税所得割と所得税とでは課税最低限が異なる。実際、住民税所得割を税率5％で課税されている低所得階層の中で、所得税非課税者が結構多いのである。このような階層は全国で約300万人いると見込まれているが（夫婦2人で年収270～325万円）、明らかにこの階層では実質増税となり、細民重課となる。そこで、このような階層についての住民税所得割の軽減措置がとられるか否かが課題となるのである。

　なお、このような軽減措置がとられれば、別の課題が生まれる点にも注意が必要である。つまり、10％の比例税率化は、5％の税率適用者の割合が大都市部よりも町村に多いことを考えて、税源偏在の是正を行うことが意図されている。5％の税率適用者の一部とはいえ、住民税所得割の軽減措置が行われれば、税源偏在是正効果は一層薄くなるのである。

国庫補助負担金の廃止縮減の課題

(1) 集権行政の限界

　1990年代以降、地方分権が叫ばれてきた。その背景には、集権行政システムの限界がみえてきたことがある。つまり、国の官僚が発想して政策化し、

地方へひもつきの国庫補助負担金を交付し，地方が国の手足のようになって働く（事務事業を行う）システムに限界が生じてきたのである。高度成長期とそれに続く1970〜80年代には，このような集権システムはある程度有効に機能したとほぼ言うことができる。道路や港湾など主に産業基盤の形成に公共事業関係の国庫補助負担金が有効に機能し，高度成長を成し遂げるのに役立った。さらに，その後の福祉，教育，生活基盤などにおけるナショナルミニマム形成にも国庫補助負担金は寄与した。例えば，1970年代に入って全国に市町村立の保育所が多数つくられたが，これには児童福祉関係の国庫補助負担金の果たした役割が大きかったのである。国庫補助負担金は施設の建設に貢献しただけではなく，地方行政改革直前の1984年度までは，実に市町村立保育所の運営費の8割（国基準運営費から国基準保育料を差し引いた額の8割）を児童保護措置費国庫負担金が担っていたのである。このような状況を反映し，1970年代には，地方の普通会計歳出総額に占める国庫補助負担金を財源の一部とした事務事業への支出割合は40％を超え，国の一般会計歳出に占める国庫補助負担金の割合も25％に達したのである。

　ところが，1980年代に入り，集権行政のほころびがみえ始めた。補助金申請のための書類作成などに膨大な時間がかかる，陳情コストが多額にのぼる，補助金交付を通じた国―都道府県―市町村という太い官僚パイプが形成される等，国庫補助負担金の問題点として以前から指摘されてきた問題に加え，補助事業においてすぐれた施策が少なくなり，地域のニーズと大きくかけ離れた事業が目立つようになってきたのである。また，農道空港事業に端的に現れているように，税財源の有効活用とはほど遠い事業も増えてきた。さらに，国庫補助負担金のすべてではないが，地域にとって国庫補助負担金は，地域の政策を遂行するうえで「使い勝手が悪い」ものになってきた。例えば，幼稚園と保育所を合築する際に様々な国庫補助を受けるための要件を自治体はクリアする必要があったのである（近年改善された）。そして，このような問題が明確になるほど，補助金に関する以前から指摘されてきた問題もますます浮き彫りにされていったのである。

近年，自治体の政策能力は上昇し，一部の自治体における高質な独自施策が目立ってきた。児童福祉では，近年の福祉ニーズの多様化を受け，個々の自治体ごとに独自の取り組みがなされるケースが増えてきた。第7章で検討するように，例えば，三鷹市は専業主婦対象の子育て支援策の充実に努め，専業主婦を対象にひろば事業と相談事業を行う公設公営の「子ども家庭支援センター」を，現在（2005年12月現在），2か所立ち上げている[4]。大都市の専業主婦の子育て環境が厳しい中で，三鷹市は地域のニーズを汲み上げ，「働く母親」だけを対象に施設をつくり運営するだけでは不十分だと認識し，市独自の取り組みを行ったのである。その意味では，国の関与や全国画一的な児童福祉の取り組みの限界が示されていると言えるのである。

　明らかに，今日求められているのは，地域のニーズにあった事業展開・地域のビッグプロジェクト展開がしやすくなる仕組みづくりであり，地方分権を志向した改革であると言えよう。

(2) ナショナルミニマムと国・地方の役割分担

　ただし，国庫補助負担金を議論する際には，次の点に注意する必要がある。それは，ナショナルミニマムや国の責任をどのように考えればよいのかの問題である。上記の保育所などはナショナルミニマムがほぼ達成された事例である。国の関与を縮小することが分権型社会構築の際には欠かせないことは自明である。そこで，国庫補助負担金の整理がなされる必要がある。しかし，同時に強調したいのは，現在も国が基準を定めて全国的・画一的に実施する必要がある事務事業が依然として存在し，このような事務事業について国庫補助負担金を廃止・縮減するのは問題であるという点である。

　現実の三位一体改革では，国と地方の役割分担の議論や大括りな事務事業論（教育論や福祉論など）が展開されることなく，国庫補助負担金の廃止・縮減が進められている。4兆円の削減目標に向かって，ともすれば数字合わせの議論や主張が横行している。しかし，実際には，時代のニーズを反映して，新しいナショナルミニマム水準の確保が要請されている事務事業もある。

このような今後ナショナルミニマムの形成が必要なものや，従前と同様に今後もナショナルミニマムの維持が必要なものについては，国の責任と国庫補助負担金が役割を果たさなければならない。例えば，前者には，いくつかの在宅福祉事業費国庫補助金，ＤＶ（ドメスティックバイオレンス）関連の国庫補助金，児童虐待関連の国庫補助金を，後者には，義務教育費国庫負担金と生活保護費国庫負担金をあげることができるのである。

(3) 新しいナショナルミニマムと国庫補助負担金

在宅福祉事業費国庫補助金は，介護保険制度の大幅見直し（2005年6月介護保険制度改正法案が成立，2006年4月施行）との関連で一層重要なものになると筆者は考えている。今回の介護保険制度見直しの目玉は介護予防であり，このために大きな役割を果たすと期待されているものが地域包括支援センターである[5]。

地域包括支援センターは市町村の責任で設置され，保健師，社会福祉士，スーパーバイザー的ケアマネジャーが配置される。基本的に中学校区単位で設置され，全国で約5,000か所整備される予定である。社会福祉士は行政機関，保健所，医療機関，児童相談所，法律家（弁護士，司法書士），民生委員，ボランティア団体などに高齢者の必要なサービスを多面的かつ制度横断的につなぐ役割を担う。このため，社会福祉士は高齢者虐待防止や高齢者の財産管理，高齢者医療などにも対応する。また，新予防給付（要支援者を対象）のケアマネジメントを行うのは事業所のケアマネジャーではなく，地域包括支援センターの保健師である。同時に地域包括支援センターの保健師は，要介護や要支援に陥るおそれがある高齢者（「自立」の高齢者）を対象とした地域支援事業のマネジメントも行う。さらに，スーパーバイザー的ケアマネジャーはケアマネジャーに対し，日常的な個別指導・相談や支援困難事例等についての指導・助言や，地域でのケアマネジャーの連携システムの構築に努める（資料1-6）。

では，地域包括支援センターの運営財源には何が充てられるのだろうか。

■ 資料1-6 地域包括支援センター（地域包括ケアシステム）のイメージ

多面的（制度横断的）支援の展開
行政機関、保健所、医療機関、児童相談所など必要なサービスにつなぐ
- 虐待防止
- 医療サービス
- 介護相談員
- 介護サービス
- ヘルスサービス
- 地域権利擁護
- ボランティア
- 成年後見制度
- 民生委員

新予防給付
介護予防事業

被保険者

各種相談・支援、必要なサービスにつなぐ

介護予防マネジメント
- アセスメントの実施
- プランの策定
- 事業者によるプログラムの実施
- 再アセスメントの実施

社会福祉士
保健師等
主治医

スーパーバイザー的ケアマネジャー（主任ケアマネジャー（仮称））

・中立性の確保
・人員の派遣
・センターの運営支援

支援

包括的・継続的ケアマネジメントの支援
・日常的個別指導・相談
・支援困難事例等への指導・助言
・地域でのケアマネジャーのネットワークの構築

長期継続ケアマネジメント

ケアチーム
連携
主治医　ケアマネジャー

包括的・個別的指導
多職種協働・連携の実現

地域包括支援センター（仮称）運営協議会

市町村ごとに設置
- 居宅サービス事業所
- 介護保険施設
- 地域医師会
- 居宅介護支援事業所
- NPO・住民団体・老人クラブ
- 行政機関、保健所等

〔出所〕厚生労働省。

地域包括支援センターは，国が力を入れようとしている介護予防の拠点だから，全国的・画一的に設置がなされなければならないものである。新しいナショナルミニマム形成が行われてはじめて，介護予防策は実を結ぶことになる。そこで，運営財源には在宅福祉事業費補助金を充てることが望ましいと考える。ところが，現段階では厚生労働省は地域包括支援センターの運営財源として介護保険料を充当する考えを示している（『介護制度改革INFORMATION』第23号，厚生労働省介護制度改革本部，2005年5月24日）。背景には，厚生労働省の予算が伸びない点や，ナショナルミニマムについての正確な理解を欠いたまま一方的に主張される一部の税源移譲論などがあるため，厚生労働省は自前で確保できる財源（介護保険料）を保持して施策展開がしたいのだろう。実際，地方6団体の「移譲対象補助金一覧」（2005年度および2006年度に廃止して税源移譲すべき国庫補助負担金）の中に，在宅介護支援センターの運営費などに使われる在宅福祉事業費補助金（約778億円）が含まれているのである（資料1-7）。

しかし，介護保険は保険ゆえに給付を担ってきたのであり，給付以外にも対象を広げるのならば，著しく保険の理念から遊離することになるだろう。また，地域包括支援センターは，要介護や要支援以外の高齢者も対象としているし，65歳未満の高齢者も対象とする見込みであることを考えるのならば，介護保険料を財源とする方策は付け焼き刃の感を免れないと言える。新しいナショナルミニマム形成には国庫補助負担金の役割はあるし，給付以外にも対象を広げるならば，介護目的税など税方式への転換を図ったほうがよいのである。

さらに，2000年に児童虐待防止法，2001年にDV防止法が施行されたが，児童虐待やDV関連の国庫補助金も，新しいナショナルミニマムの形成に役立つものである。児童虐待関連の施策やDV防止施策を全国的に一定の水準にしていく努力が，現在求められている。国による積極的な制度施策展開がスタートしようという時，あるいは始まってまもない時，また，声が上げづらい社会的弱者向けの施策展開において，国庫補助負担金の意義は十分にあ

資料1-7 「移譲対象補助金」一覧(社会保障分野)―2005年度および2006年度に廃止して税源移譲すべき国庫補助負担金―

(単位：百万円)

分野	国庫補助負担金名	2004年度国予算額	分野	国庫補助負担金名	2004年度国予算額
社会保障	医療施設運営費等補助金	19,435	社会保障	国民健康保険財政安定化等支援事業費補助金	5,588
	地域医療対策等費補助金	1,237		児童育成事業費補助金	28,578
	医療施設等施設整備費補助金	3,451		身体障害者等福祉対策事業費補助金	1,017
	歯科保健医療事業費補助金	675		職業能力開発校施設整備費補助金	5,555
	疾病予防対策事業費等補助金	6,368		技能向上対策費補助金	1,591
	職業転換訓練費等補助金	3,056		中小企業福祉事業費等補助金	2,092
	職業転換訓練費等交付金	3,417		離職者等職業訓練費等交付金	8,815
	在宅福祉事業費補助金(ホームヘルプ事業(身体・知的・精神分及びショートステイ事業(身体)分を除く)	77,873		社会福祉施設等施設整備費補助金	1,841
	身体障害者福祉費等デイサービス事業費補助金(身体分を除く)	2,773		児童保護費等負担金((目細)児童保護費負担金)	412,728
	身体障害者福祉費等デイサービス事業費補助金			麻薬取締員費等交付金	457
	地域改善事業費補助金	8,118		保健衛生施設等施設整備費補助金	4,823
	高齢者福祉施設整備推進事業費補助金	70		保健事業費等補助金((目細)保健事業費)	29,285
	地域改善施設整備費補助金	22		母子保健衛生費負担金	1,402
	児童保護費等補助金(デイサービス)事業費等を除く)	50,635		((目細)1歳6か月児健康診査及び3歳児健康診査負担金)	
	児童福祉事業対策推進事業費補助金	3,118		婦人保護事業費負担金	865
	母子家庭等対策事業費補助金	2,555		身体障害者等施設訓練等支援費等負担金(身体障害者等施設訓練等支援費等分を除く)	1,466
	母子保健衛生費等補助金	3,069		精神保健福祉センター特定相談等補助金(精神保健福祉センター特定相談等補助金分)	133
	婦人保護費等事業費補助金	1,691		養護老人ホーム等保護費補助金	56,728
	生活保護費等補助金	8,179		保健衛生施設等施設整備費補助金	10,160
	麻薬等対策推進費補助金	108		社会福祉施設等施設整備費補助金(特養)	20,537
	精神保健対策事業費補助金	1,928		(老人福祉施設(特養)等)	
	((目細)精神障害者社会復帰施設等運営費補助金)			医療施設等施設整備費補助金	18,091
	老人保健事業推進費補助金	2,641		社会福祉施設等施設整備費補助金(老人短期入所施設)等	109,814
	介護保険費適正化推進費補助金	7,181			
	老人医療費特別対策費補助金	3,503			
	国民健康保険特別対策費補助金	3,823			

(出所) 地方6団体『国庫補助負担金等に関する改革案』。

ると言えるのではあるまいか。

(4) 維持と弾力化が必要な義務教育費国庫負担金

　義務教育費国庫負担金制度の原型は，1917年に成立した市町村義務教育費国庫負担法に求められる。この法律によって義務教育費に対する国の負担責任が明確化されたのである。しかし，実際の国の負担額は大きくなく，1922年の全国町村の歳入総額のわずか1.8％を占めるにすぎなかった[6]。その後，義務教育費国庫負担金額は次第に上昇し，また地方財政調整的な役割を果たしていった。そして，1940年には義務教育費国庫負担法が成立し，国が実支出額の2分の1を負担することになった。その後，義務教育費国庫負担金制度は，1950年代にシャウプ勧告に基づいて廃止され地方財政平衡交付金に吸収されたが，1953年に復活を遂げて今日に至っている。

　この間，義務教育費国庫負担金の対象とされた費用項目は大きく変遷した。1953年の復活の際に，教員の給与費や旅費，退職手当などの他に，新たに事務職員の給与費と教材費の国庫負担化が実現した。続いて1956年には恩給費，1962年には共済費，1967年には公務災害補償基金負担金，1972年には児童手当の国庫負担金化が行われた。さらに，1974年には学校栄養職員の給与費の国庫負担化が実現した。ところが，1985年から始まる地方行政改革の中で，教材費と旅費の一般財源化が行われたことを皮切りに，国庫負担外しが始まり，すでにみた2004年に行われた児童手当と退職手当の税源移譲によって，義務教育費国庫負担金は給与費のみを対象とするものになった。その意味では，現在は1940年段階の制度に回帰したと言うことができるのである。

　義務教育費国庫負担金をめぐる論点についてはすでに❷で提示し，教育における国の役割を確認したうえで，地方の使い勝手のよさと財源保障を中軸とする義務教育費国庫負担金制度の一層の弾力化を，筆者は提起した。そこで，次に，1985年に一般財源化された教材費と旅費の措置状況を検討することと，義務教育費国庫負担金の弾力化策として文部科学省が考案した総額裁量制の仕組みと課題について述べることにしよう。

1985年に，旅費と教材費が義務教育費国庫負担金から外されて一般財源化され，削減分は地方交付税措置された。ただし，あくまでも地方交付税の基準財政需要額に算入されたのであって，必ずしも削減相当額が交付されたわけではなかった。しかし，旅費・教材費とも一般財源化されてからしばらくの間は，基準財政需要額を上回る金額が計上された（資料1-8）。ところが，教材費は1997年度から，旅費は1999年度から基準財政需要額を下回るようになった。さらに，地方自治体の地方債残高が増えるとともに，地方交付税の抑制が行われたことを反映して，2000年度以降の落ち込みが激しくなった。つまり，2003年度の教材費は，基準財政需要額（788億円）の75.7％，同じく旅費は教職員1人当たりにかかわる交付税積算単価（72,300円）の84.1％になったのである。このような教材費・旅費の動向をみる時，義務教育費国庫負担金が一般財源化されれば，たとえ地方交付税措置がなされたとしても，義務教育費が各都道府県の財政状況によって影響を受けるおそれがあることが

■資料1-8　教材費・教員旅費の措置率の推移

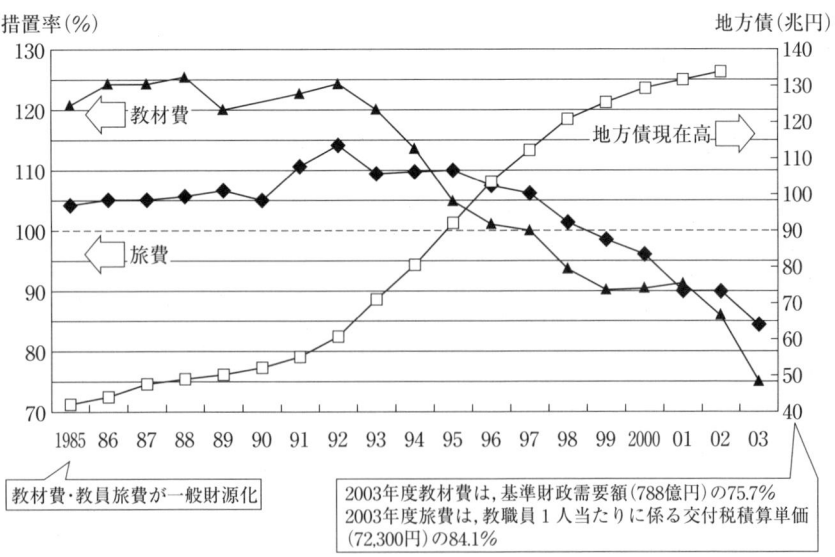

〔出所〕文部科学省。

理解できる。地方財政計画の規模縮小が今後も続き,地方交付税が抑制基調で推移するのならば,その懸念は一層高まると言えよう[7]。そこで,国の責任(国庫負担)を明確化しながら,現行の義務教育費国庫負担金の弾力化が行われなければならないのである。

(5) 総額裁量制と義務教育費国庫負担金[8]

2004年度から文部科学省は義務教育費国庫負担金を弾力化する方策として総額裁量制を打ち出した。では,総額裁量制とはどのようなものであろうか。

総額裁量制を論ずるには,これと関連する「義務標準法」について述べる必要がある。「義務標準法」は,学級編成と教職員定数の標準について必要な事項を定めている。つまり,国が原則40人の標準(学級の上限人数)を設定し,給与負担者となる都道府県がそれぞれ域内の基準(学級の児童生徒数)を決める。そして,それに基づき,市町村が学級編成を実施するとされているのである。また,教職員定数は,基礎定数と加配定数に分かれて規定がなされている。国の標準定数(40人)で算出されたものが基礎定数で,学校数,学級数,児童生徒数に基づいて都道府県ごとの定数を算定し,そのうえで都道府県が一定のルールにより教職員を配置する。また,加配とは,基礎定数と呼ばれる必要最低限の教員数に上積みして教員を配置することを言うが,少人数指導やいじめ・不登校への対応など,教育上特別な配慮が必要な場合を考慮して,近年加配措置がとられることになった。加配定数については,国は政令で定める基準に基づき,都道府県の申請を受けて児童生徒数を考慮して都道府県への配分を定め,都道府県が学校の実情を考慮して教職員を配置する。

総額裁量制とは,給与負担者である各都道府県が支給した教職員給与費の実支出額の2分の1を国が負担することを前提にしたうえで,各都道府県に交付された義務教育費国庫負担金の総額(各都道府県の教職員の給与単価に「義務標準法」に基づいて算定された教職員定数を乗じた金額を2で除した金額)の範囲内で,各都道府県が教職員給与費や教職員配置数を独自に決める

ことができるもので，2004年度に導入された。このため，2004年3月31日に政令が改正され，従来の政令で設けられていた給与・手当の費目ごとに設けられていた国庫負担の上限が撤廃されるとともに，教職員数の上限も撤廃された。

　総額裁量制に先立って，文部科学省は2001年度から，それまで40人を下回る学級編成ができなかったものを，都道府県の判断で40人を下回る学級編成を可能とさせた。また，従来は常勤の教職員のみが国庫負担の対象だったが，非常勤の教職員を国庫負担の対象にする改革（1日8時間のフルタイムの1人の教員を1日4時間のパートタイム2人に振り替えることが可能）を行った。さらに，加配の種類が細かく分類されていたため活用が限られていたものを，細かい分類を廃止して加配を多様な目的に活用できるようにした。しかし，このような措置には限界があった。つまり，給与・手当の費目ごとに国の水準を超える額は国庫負担の対象外であったし，教職員定数を超える部分も国庫負担の対象外であった。また，給与水準を下げれば国庫負担額も減少した。このため，給与抑制をしても教職員の増員に活用できないし，非常勤講師や再任用教員を任用すると負担金額が減少するため都道府県の裁量の余地は狭く，都道府県から不満が出ていたのである。そこで，総額裁量制がとられるようになったのである。

　総額裁量制では，給与水準を引き下げて捻出した財源で教員数を増やして都道府県が独自に「少人数」学級を実現できる，都道府県の判断で教員の能力や実績に応じて増給が可能，常勤教員に代えて非常勤講師や再任用教員を採用することによって都道府県独自に習熟度別指導などの少人数指導や補習事業を充実させたり，多様な選択科目を開設できる，といったメリットが生じる。同時に，総額裁量制の導入にあわせて「義務標準法」の弾力化が行われ，これまで加配定数を少人数学級の編成に活用できなかったが（国庫負担の対象外に置かれていた），加配定数を活用した少人数学級の実施が可能になった。

　このような中で，2004年度には42道府県において少人数学級が実施された

(2001年度は10件)。例えば，長野県は小学校1～3年生を35人学級以下学級に，大分県は小学校1年生を30人以下学級（20人下限）に，滋賀県は小学校1年生と中学校1年生を35人以下学級にしたのである。また，増加教員数は6,154人に及んだが，増加教員の経費負担区分をみると，4,382人（71％）が国庫負担を活用し（それ以外は県費もしくは市町村費措置），このうち「義務標準法」による基礎定数を活用したものが1,258人，「義務標準法」に基づく加配定数を活用したものが2,419人，総額裁量制を活用したものが706人であった。

(6) 総額裁量制の課題と今後の弾力化への展望

　総額裁量制導入1年目はほぼ順調に推移したといってよいだろう。中でも加配定数による少人数学級の実施が可能になったことは大きかったと言えよう。ただし，総額裁量制については，制度を活用しなかった都道府県が全体の4分の3（36都道府県）を占めていることも明らかになった。筆者は総額裁量制の課題を次のように考えている。まず，三位一体改革の今後がよくみえず，総額裁量制の先行きがみえない点である。このため，都道府県は制度を活用しづらかったと思われる。また，学校現場の状況を考えれば，現実には常勤教員を採用する際に給与を引き下げることはなかなか難しいし，手当の削減もしにくいだろう。さらに，義務教育費国庫負担金は人件費にしか使えない。弾力化を進めるのならば，使途の拡大が課題になると言える。

　しかし，何よりも重要な点は，総額裁量制の場合も「義務標準法」によって都道府県がそれぞれ学級・児童数を決めるのであり，市町村や学校現場の裁量権の拡大には直接的にリンクしているわけではないということである。もちろん，義務教育費国庫負担金を廃止・縮減して税源移譲が行われても，都道府県に税源移譲されるだけで市町村や学校現場の裁量が拡大される保証はない。また，税源移譲を主張する都道府県知事が市町村や学校現場の裁量権の拡大を主張しているわけではないし，むしろ，そのような中，人事や財源が都道府県に一手に集中することに強い懸念を表明する市町村長が少なく

ないのである。そこで，筆者は，学級定数の基準を決定する権限は都道府県から市町村に移譲される必要があるし，学級編成の実行は学校現場でなされる必要があると考える。すでに述べたように，総額裁量制や加配教員の弾力化措置を活用して少人数教育が進められてきているが，これを一層拡大するには，加配教員の活用を含めて学校単位での学級編成が可能になるような改正が行われなければならないだろう。このためには「義務標準法」の改正が必要になる。義務教育費国庫負担金を弾力化しながら市町村と学校現場に裁量権を拡大する仕組みづくりが，現在求められていると言えるだろう。

(7) 生活保護費国庫負担金

　三位一体改革の初年度から問題になっていたものに，生活保護費国庫負担金がある。つまり，厚生労働省は，国庫負担金を維持しながら負担率を引き下げようとしているのである。国と地方の役割分担の議論がしっかりと行われないまま，したがって国と地方の責任をあいまいにしたまま補助負担率だけが引き下げられるのは最悪の選択である。これでは，費用負担面で地方負担が拡大するだけになってしまうのである。

　そもそも，セーフティネットの「最後の砦」ともいうべき生活保護制度は，全国的・画一的に行われてこそ，その役割を果たし得る。また，生活保護を取り巻く環境自体が激変している。リストラなどに伴う失業などで生活保護を受ける人が増大しているし，高齢者世帯や母子家庭において生活保護受給が増えている。とくに高齢者の受給者増は高齢社会の到来を反映しているのであり，これまでのような就労支援だけでは片付かない問題を内包している。生活保護制度を取り巻く環境の変化を踏まえたうえで，改めて国の責任を明確にし，今後の制度改革と制度構築を図ることが望ましいのではないだろうか。

(8) 増えた交付金化

　三位一体改革2年目では交付金化が増えた。すでに述べたように，交付金

化によって省庁間の垣根がとり払われて自治体が使いやすくなったり（汚水処理施設整備交付金など），省庁補助金でも自治体の使い勝手がよくなったものもあり（まちづくり交付金など），地方分権に寄与する交付金は少なくない。しかし，地方自治体関係者の間では，必ずしも交付金化の評判がよいわけではない。

　例えば，交付金になることによって，自治体の施設建設がしにくくなった交付金も存在する。そこで，地域介護・福祉空間整備等交付金の例をとりあげて論じてみよう[9]。

　社会福祉施設の整備を行う際，これまでは使い道が厳しく限定されていた国庫補助負担金が財源に充てられていたが，2005年度より，国庫補助負担金に代わり，使途が弾力化された地域介護・福祉空間整備等交付金（都道府県向けと市町村向けの厚生労働省の交付金）が設立された。その意味では，自治体の支出の裁量権が増大したと言えるのだが，問題点も出ている。例えば，都道府県向けの地域介護・福祉空間整備等交付金を用いて行われる特別養護老人ホーム建設の際に，当該地域の困惑が大きいという問題が出ているのである。

　つまり，交付金を受けるには，都道府県は「施設環境改善計画」を策定し，国に提出しなければならない（資料1-9）。国は，「施設環境改善計画」書に記された対象事業（広域型の整備事業，例えば特別養護老人ホームの建設事業等）にかかる必要額を独自の算式に基づいて計算し，そのうえで各都道府県への交付額を決定する。しかし，交付金の総額には限りがあるため，各都道府県に交付される交付金額は，各都道府県が国に提出した計画書で求めた金額に比べて少なくなるケースが当然に生じる。

　また，交付金では，国は計画を精査したうえで交付金の総額を各都道府県に交付するだけで，交付金をどこの地域に重点的に配分するのか，どのような「広域型」の施設の整備事業に使うのかの判断は各都道府県に任されている。従来の国庫補助負担金であれば，計画していた特別養護老人ホーム建設事業が採択された場合には，必ず事業費（国基準の事業費）の2分の1は国，

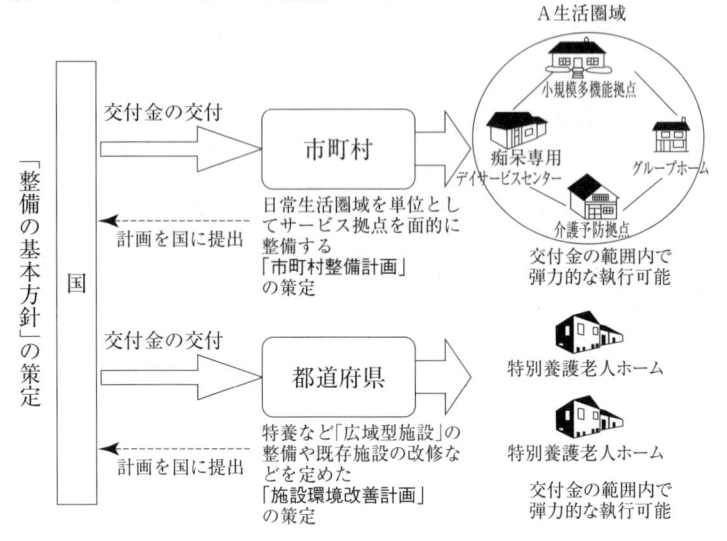

■資料1-9　地域介護・福祉空間整備等交付金の仕組み

［出所］資料1-6に同じ。

4分の1は都道府県が負担していたために，市町村（事業者）負担は事業費の4分の1でよかった。また，このため財政見通しも立てやすかった。ところが交付金の場合は，地域（市町村）によっては，特別養護老人ホームの建設事業がやりづらくなるケースが生まれる。というのは，都道府県が国に提出した計画書で求めた金額よりも実際に都道府県が受けとる交付金額は少ない。そのような中で，交付金をどこの地域に，どのような施設整備に充当するかを判断するのは都道府県になるからである。実際，特別養護老人ホームの建設を計画している市町村（事業者）から，事業費にしめる市町村（事業者）の負担割合が予想よりも大きくなってしまうために，困惑の声が上がっているのである。

　国庫補助負担金改革を考える際は，税源移譲だけではなく，国庫補助負担金の弾力化も自治体の政策面での裁量を増やすものであり，検討されなければならない。しかし，上記のような交付金のケースでは，都道府県の裁量が

増す余地はあるものの，地域にはプラスに働かない場合も出てくるのである。また，三位一体改革以前から，公共事業関係において交付金化がかなり行われてきたが，それは自治体には使い勝手が悪く，限りなく補助金に近いものであった。したがって，自治体からの評判は芳しいとは言えなかった。これでは，自治体が交付金化よりも税源移譲のほうに目が向いてしまうという声が聞こえるのもうなずけるのである。また，これまでは，公共事業関係の国庫補助負担金や施設整備の国庫補助負担金のいわゆる「箇所付け」が，自治体の裁量を縛るものと批判されてきたが，他方で「箇所付け」がないと，地域介護・福祉空間整備等交付金のような課題が出てくることにもつながる。このような課題にどのように対処するのかも，交付金化には問われていると言うことができるのである。

　ただし，交付金には様々な形がある点にも目を向けなければならない。地方分権を強化しようとした，1993年のフィンランドの財政改革で実現した省庁別補助金の限りない弾力化（包括補助金）も，交付金の一種である。また，先の日本の公共事業関係の交付金化もまた交付金の1つの形である。フィンランド型の包括補助金には魅力があるが，そこまでいかなくても，どのような交付金が地方自治に役割を果たすのかが，今後，検討されなければならないと考える。

❻ むすびにかえて

　2005年の秋以降には，先送りされていた問題，つまり，基幹税を何にするのか，義務教育費国庫負担金をどのように取り扱うのか，生活保護費国庫負担金の負担率を引き下げるのか等の諸問題の結論が出されることになろう（これらの結論については本章末の追記を参照）。また，2005～2006年度には2004年度並みの金額とされていた地方交付税の2007年度以降の動向も注目されなければならない。

三位一体改革を考察する場合，それが閣議決定をみた2003年6月当時と今日とでは，経済・財政をとりまく環境が変化している点にも目を向ける必要があるだろう。所得税の定率減税廃止を皮切りに，今日，本格的増税路線の方向が次第に明確になってきた。また，景気の回復がみられ，それに伴う税収増が実現している。2005年度当初予算は，国債費が18.4兆円，国債収入が34.4兆円であり，依然としてプライマリーバランスは赤字なのであるが，2004年度に比べれば3兆円ほど改善されてきている。2010年代初頭にプライマリーバランスの黒字化が実現できるのかは定かではないにせよ，経済財政環境は明らかに変化してきているのであり，これが今後の政府の改革，とりわけ地方交付税の取り扱いにどのようなインパクトを与えるのかが注目されるのである。

　例えば，景気が回復すれば，また増税が行われれば，不交付団体は増えるだろう。市町村では，1995年度に184の不交付団体が存在し，不交付団体に住む人口数は3,529万人（総人口の28％）を数えた。ところが景気の悪化等を反映して，2003年度には1995年度に不交付団体であった川崎市，名古屋市などの政令指定都市，宇都宮市，浜松市，姫路市などの中核市，それに八王子市や四日市市，茅ヶ崎市などが，軒並み交付団体に移った。このことにより，2003年度には，不交付団体は128，人口数は1,896万人（総人口の15％）に落ち込んだ。景気の回復と増税で不交付団体が増えれば，地方交付税の動向は変化するし，税源移譲や国庫補助負担金の廃止・縮減にも影響を与える。ともあれ，今後の政府の改革の動向について注目し続けなければならないのである。

注

1) フィンランドの包括補助金は，教育包括補助金と福祉保健医療包括補助金の2種類存在するが，後者については横山純一『高齢者福祉と地方自治体』第2章，2003年4月，同文舘出版を参照。教育包括補助金については横山純一「フィンランドの教育包括補助金制度」『教員給与負担構造に関する比較研究中間報告書（科学研究費

補助金基盤研究Ｃ，代表者清原正義）』，2005年3月を参照。
2）2005年夏の段階においてであるが，小泉首相と中山文部科学相とは必ずしも認識が一致しているわけではないようで，場合によっては，中教審が義務教育費国庫負担金制度維持の結論を行ったとしても，その後の国と地方との協議でひっくり返る可能性もないわけではない。なお，最終的に義務教育費国庫負担金の扱いがどのようになったのかについては，本章末の追記を参照。
3）中川真「平成17年度補助金改革（三位一体改革）について」『ファイナンス』，2005年2月号。
4）本書第7章を参照。また，横山純一「国内の先進事例―三鷹市・子ども家庭支援センターすくすくひろば」『少子高齢社会における地方自治体としての取り組み調査報告書』，2001年3月，社団法人北方圏センターを参照。
5）地域包括支援センターについては，本書第5章を参照。また，横山純一「介護保険の見直しと財源問題」『公衆衛生』，2005年8月号，2005年8月，医学書院を参照。
6）『明治大正財政総覧』ならびに横山純一「財政からみた南郷村政」『南郷町史』，1980年12月，宮城県遠田郡南郷町を参照。
7）2005年度から，準要保護児童生徒援助費国庫補助金が廃止され，一般財源化された。2005年度にただちにその影響が出る可能性は少ないと思われるが，近い将来には，地方財政の厳しい状況とも関連しながら，これまで一部の自治体で行われてきた国基準を上回る認定基準や給付水準が引き下げられるおそれがあることや，認定や給付面において国基準以下への引き下げを行う自治体が出てくる可能性がある。注視したい。
8）主に文部科学省『義務教育費国庫負担制度（説明資料）』，2005年6月5日，日本PTA全国協議会『今，義務教育が危ない』，2004年9月を参照。
9）本書第4章ならびに横山純一「介護保険制度の大幅見直しと介護財源問題」『北海道自治研究』437号，2005年6月，社団法人北海道地方自治研究所を参照。

※追記

　2005年11月30日，三位一体改革に関する政府・与党の協議会が首相官邸で開かれ，2006年度分の国庫補助負担金の削減額を6,540億円とし，このうち6,100億円を地方に税源移譲することなどについて，正式に合意した。これにより，税源移譲額は決定済みであった2兆3,990億円を加えて，3兆90億円となり，目標額である3兆円を上回った。国庫補助負担金の削減では，厚生労働省分が5,290億円と全体の削減額の8割を占め，続いて国土交通省（620億円），農林水産省（340億円）の順に削減額が大きかった。

焦点の1つであった義務教育費国庫負担金制度は，地方が求めていた中学校教職員給与費相当分の国庫負担を廃止して都道府県に税源移譲するのではなく，制度を堅持すると明記したうえで，国の負担割合を2分の1から3分の1に引き下げて8,500億円程度を減額することで決着した。この8,500億円分は地方に税源移譲される。小学校と中学校の教職員給与費相当分の3分の1を国が負担することで，小学校と中学校を維持する際の主要な財源の構成割合が同じ義務教育学校なのに大きく異なる形態だけは避けられ，この部分では評価できる。しかし，国と地方の役割分担の議論や教育そのものの議論が希薄なまま，国庫負担割合が引き下げられた点は問題である。

　さらに，政府与党合意では，地方が強く反対していた生活保護費国庫負担金の負担率引き下げは行わず，受給認定の地域格差などの「適正化」に地方が取り組むことを明記した。その一方で，母子家庭に支給される児童扶養手当の国庫負担割合を4分の3から3分の1に，小学校3年生以下が対象（所得制限あり）の児童手当の国庫負担割合を3分の2から3分の1に引き下げた。このことにより3,380億円（児童扶養手当1,800億円，児童手当1,580億円）が地方に税源移譲されることになったが，地方の裁量拡大にはつながらないとみることができる。とくに児童手当の国庫補助負担率削減は，少子化の問題や児童教育・児童福祉の観点からの議論が必要であったと思われるし，国庫負担率の維持が必要であったと思われる。

　また，地方案に配慮して，建設国債対象経費である施設整備費について税源移譲の対象として，約700億円を削減（文部科学省の公立学校施設整備費170億円など），削減額分の約5割を税源移譲の対象としたが，この措置は評価できる。というのは，これまで財務省は建設国債が財源であるものについては税源移譲の対象にはできないとしていたが，今回施設整備費が税源移譲の対象になったことは，このような財務省の主張に風穴を開けることになったし，何よりも地方の施設整備がやりやすくなったことで，地方の裁量拡大に結びつくと考えられるからである。

　さらに，税源移譲については，その規模は3兆円程度とし，2006年度税制改正で所得税から個人住民税への恒久措置として行うことが明記された。

　以上により3年間かかった三位一体改革の全貌がほぼ明らかになったが，本文で述べてあるように，「理念のない数字合わせ」に終わった感は否めない。国と地方の役割分担の議論が行われて，役割分担がある程度整理されない限り，地方分権とはほど遠い状況しか生まれてこないのである。今回の三位一体改革では地方分権という言葉こそ用いられてはいたけれども，明らかに国の財政再建優先が強かった。国庫補助負担金の削減や地方交付税削減が行われただけでは，地方にとってはどうしようもない。第2期改革が行われるのならば，それがどのようなものになるのかに注目したい。

なお，三位一体改革の政府与党合意に基づく介護や福祉関係の国庫補助負担金の動向については第5章を参照されたい。

第2章 道州制と北海道開発予算の現状・課題

1 問題の所在

　2003年夏，小泉首相が北海道を道州制のモデル自治体にする道州制特区構想を打ち出したことをきっかけに，北海道庁の「分権型社会のモデル構想」（2003年8月）の決定，道州制推進会議の設置（2003年10月），国の2004年度予算案に「道州制の検討に資する北海道広域連携モデル事業」（100億円）の創設（2003年12月），道による「道州制推進プラン」の策定（2004年4月）が行われ，道州制はにわかに現実味を帯びた。ところが，2004年8月10日の道の提案，つまり国の地方支分局と道（さらには市町村）とが事業を連携・共同して行うことや，両者の類似業務の一元化や窓口の一本化などを通して，緩やかに両者の機能等統合を図ろうとした「道州制特区に向けた提案（第1回）の具体化について」を，道が内閣府に提出したにもかかわらず，同年の秋以降，道州制の議論の前進はほとんどみられなくなった[1]。本格的な道州制の議論はもちろん，道州制特区についても国は消極的な姿勢に転じているように思われるのである。このような停滞状況は2005年度になってからも続いているのであり，このままでは道州制の展望はまったくと言ってよいほど開けない状況に陥っているのである。

　道州制の実現には中央の政治主導が必要だが，北海道の側がしっかりとした道州制の具体像を持たないと，中央省庁が「このくらいなら」という程度の事務・権限移譲でおわってしまうおそれがある。また，国の財政再建優先で中央主導で道州制の論議が進められれば，開発予算や公共事業の北海道特

例の部分が一気にカットされる可能性も出てくる。小泉首相が道州制特区を言い出してからの約1年間，北海道庁は道州制についての確固としたスタンスを持つことができなかったと言ってよいだろう。つまり，2004年4月ごろには，道の道州制への姿勢が，同年2月ごろまでの規制緩和中心に組み立てられていたものから，国の出先機関と道庁との一元化などといった行財政改革に大きく踏み込んだものに転換した。そして，先にみた「道州制特区に向けた提案（第1回）の具体化について」で示されるように，同年夏には，今度はこのような組織論先行の道州制の方針に否定的な結論（緩やかな機能等統合論）を出すなど大きく揺れ動いたのである[2]。

筆者は，短期間でまとめ現実的に提案（実現可能性が高いものを提案）するのが道州制特区で，中長期的な視野に立って地方分権時代の地方制度の将来像を担うものが本格的な道州制であると位置づけている。道が国に要請されているのは道州制特区であるため，現実には道は特区として提案せざるを得ない。そこで，このこと自体はよく理解できるのであるが，問題は道州制特区から本格的な道州制に道筋をつけられるのかである。「道州制特区に向けた提案（第1回）の具体化について」では，2004年春頃に検討していたふしのある開発局を統合する組織論先行がなくなり，緩やかな機能等統合が打ち出されており評価できる。ただし，本格的な道州制へ道筋をつけるという戦略的な視点は，道の道州制特区の提案からあまり感じとることはできなかったのである。

今後の政局がどのように変わろうとも（内閣の交代や民主党を軸とする政権交代など），また，時の政府によって道州制への熱心さには違いがあるだろうけれども，北海道は道州制について，熱心に研究し準備しておくことが必要であるし，中央に発信をしていかなければならない。小泉政権のもとでは，国の財政再建がらみで地方制度の見直しを図る姿勢が強いだけに，なおさらこの点が大切になる。現在，政府は国家公務員の削減を進める方針であるが，北海道開発局をターゲットにした合理化案が出てきている点が懸念されるのである。経済財政諮問会議での民間議員や中馬行政改革担当大臣は，明らか

に国家公務員削減の際の重点分野として北海道開発局をあげる発言を行っているのである。地方自治を進める観点での道州制ではなく，国家公務員の大幅削減を目的として道州制が利用されるのでは，北海道にとってたまったものではない。道州制を掲げながらも実質的には道州制とは似ても似つかぬものができることがあってはならないのである。

小泉首相が道州制特区構想を打ち出す前に，堀前北海道知事のもとでつくられた道州制検討懇話会の最終報告書（『道州制　北海道発・分権型社会の展望』，2001年2月9日）がすでに出されていた。後述するように，この報告書は，財源問題を中心に書かれていることと，事務権限配分や規制緩和の詳細については道庁内部での検討が必要であり，この面での道庁内の議論を喚起することに力点がおかれていた。しかし，その後の道庁内部での道州制の検討は，遅々としてしか進まなかった。そこに，いきなり小泉首相の，「道州制特区」構想がでてきたというのが真相なのである。そこで，今後，北海道は，いつ道州制論議がまた活発化してきても，慌てることなく北海道としての基本的なスタンスをしっかりと持ち，中央に向けて発信していくことが重要なのである。

本章では，このような道州制について，地方自治の観点だけではなく，北海道開発予算や今後の北海道経済を視野に入れながら論じてみることにしたい。なお，本章では，「道州制特区」ではなく，本格的な道州制を取り扱う。また，本格的な道州制を北海道において先行実施するというのが筆者の立場である。そこで，北海道を中心に論じていきたい。

❷ 道州制の仕組みと役割

(1) 集権行政の限界と地方分権推進の機運の高まり

第1章で述べてきたように，近年，地方分権推進の声が高まっている。背景には，集権行政システムの限界が明らかになってきたことがある。つまり，

国の官僚が発想して政策化し，地方へひもつきの国庫補助金負担金を交付し，地方が国の手足のようになって働く（事務事業を行う）システムに問題が生じてきたのである。高度成長期とそれに続く1970年代には，このような集権システムは，ある程度有効に機能した。産業基盤形成に公共事業の国庫補助負担金が働いて高度成長を成し遂げるのに役立った。さらに，その後の福祉，教育，生活基盤などにおけるナショナルミニマム形成にも寄与した。例えば，1970年代に全国に市町村立の保育所が多数つくられたが，これには児童福祉の国庫補助負担金の役割が大きかったのである。

しかし，1980年代に入り集権行政のほころびがみえ始めた。国庫補助事業ですぐれた施策が少くなり，地域ニーズとかけ離れた事業が目立つようになった。農道空港事業のように，税財源の有効活用とはほど遠い事業も増えた。また，国庫補助負担金のすべてではないが，国庫補助負担金は，地域の政策を遂行するうえで，「使い勝手が悪い」ものになってきたのである。そこで，国庫補助負担金を通じた国の関与を少なくし，地方分権を重視する必要性が高まったのである。

(2) 地域のニーズにあった事業展開がしやすくなる仕組みづくりの必要性

現在，地域のニーズにあった事業展開や地域のビッグプロジェクト展開がしやすい仕組みづくりが求められ，分権的な改革が必要になっている。改革は現行の地方自治制度を前提にして行うこともできるが，道州制という新しい制度をつくっても行うことができる。

道州制とは，一言で言えば，今まで国と市町村の間に位置していた都道府県を廃止して10前後の道州という組織に変えるものであるが，このような全国的な道州制は，都府県の区域変更を伴うため都府県間の合意形成が難しい。しかし，北海道は面積，人口の点で北欧諸国の1国にも匹敵し，単独で1つのブロックを形成しているため，道州制を採用する条件に恵まれ，道州制を先行実施することが可能である。

道州制は，第2次大戦後，たびたび検討の俎上に載せられてきた。1950年代の第4次地方制度調査会の「地方制」案の答申をはじめ，関西経済連合会（1969年）や学識者グループ（ＰＨＰ研究所，1996年）の提案など，活発に議論が行われてきた（資料2-1）。しかし，これまで研究者や地方行政関係者などの間で，統一した概念やイメージがあったわけではなく，道州制イコール連邦制ととらえる考え方や，「官治」的な道州制をイメージする考え方，また，「道州制は憲法改正まで視野に入れなければならない」と主張する考え方などが混在していた。

　筆者は，日本では連邦制はなじまないと考える。連邦制は，連邦政府と地方政府の間で主権を分割する制度であるが，ドイツやアメリカなどのように連邦制を採用している国々には連邦制にかかわる数百年の歴史があるし，日本のような単一主権国家では，連邦制の採用を導入するには憲法改正の議論に発展する可能性が大きいだろうから，現実的なものとは言えない。また，「地方制」案の中では「地方」は自治体的性格と国家的性格とを合わせもつ中間団体とし，首長を官選としていた。筆者は，このような「官治」的な道州制とも一線を画す。道州制は，分権時代を迎える中で地方制度の将来像を担うもので，地方への事務権限移譲の有力な受け皿（道州は地方分権の受け皿としての広域自治体）と考えている。

(3) 道州制の仕組み

　道州制とは，都道府県を廃止して10前後の道州という組織に変えるものである。基本的には，外交や防衛などを除いた国の事務権限や仕事の多くを国から道州に移管し，道州がより裁量を発揮して施策をめぐらす。また，現在の都道府県の仕事の中でより住民に身近なものを基礎自治体（市町村）に移す。これに伴い，税財源も地方（道州，市町村）に移譲される。国の権限や仕事の多くを移してもらい，使い勝手のよい財源を用いながら仕事をより多く行う。地方の裁量の余地が非常にある，そういう仕事を行う自治体が道州（道州政府）であり，道州制下の市町村なのである。ただし，先にみたように

■**資料2-1 道州制等に関するこれまでの主な提言**

年	提言者	提言内容
1957年 (昭和32年)	第4次地方制度調査会	○「地方制」案 ・府県を廃止し、全国を7～9ブロックに分け「地方」を設置 ・首長は官選、議会議員は公選 　(自治体的性格と国家的性格を合わせ有する中間団体) 〔考え方〕 ・府県の規模や財政力に差があるため全国的に統一した処理が困難 ・国の出先機関と府県が併存しているのは効率的でない
1969年 (昭和44年)	関西経済連合会	○「地方制度の抜本的改革に関する意見」 ・府県を廃止し、全国を数ブロックに分け「道」又は「州」を設置 ・道州に住民の直接公選による首長と議会を置く
1970年 (昭和45年)	日本商工会議所	○「道州制で新しい国づくりを」 ・府県を廃止し全国を8つの道州に区画 ・道州は国と市町村の中間に位置する公共団体 　知事及び議会は住民の直接公選 ・府県の事務は原則として道州に移譲 　(一部生活に直結する事務は市町村に移譲) 　国の事務で適当なものは道州に移譲 〔考え方〕 ・府県の区域が狭くなり社会経済の要請にそぐわない 　(広域行政の需要に対応できない) ・市(大都市)の行政の拡大によって府県と市の二重行政の弊害が生まれている ・過密と過疎の解消のためには広域的に調整が必要
1982年 (昭和57年)	日本商工会議所	○「新しい国づくりのために」 ・府県を廃止し、地方公共団体としての「道」を設置する
1996年 (平成8年)	学識者グループ (PHP研究所)	○「州府制」構想 ・3,232市町村を再編、257「府」にする。 　府は福祉、保健など生活関連行政を担当 ・47都道府県を再編、12「州」にする。 　州は府単独でできない広域行政等のみを担当 ・国の役割は国防、外交、年金、全国的ルール設定などに限定
1997年 (平成9年)	読売新聞社	○「12州・300市体制」 ・市町村を300程度の「市」に、都道府県を12の「州」に再編する。 ・市は生活関連行政、州は広域行政と市間の調整、国は内政面の役割を縮小、国際化への対応
1999年 (平成11年)	PHP政策研究レポート (監修 　宮脇　淳 　　北大教授)	○「地方政府の確立に向けて」 ・国は外交、国際調整業務などに特化 ・市町村は基礎自治体として地域住民に関わる業務を分担 ・12の道州政府を設け、市町村地域間の調整業務を行う。 〔考え方〕 ・地方分権の最終目的は地方政府・地方主権の確立 ・立法、行政、さらに司法機能も視野に入れた地方政府の機能を拡充 ・市町村の体力が養われた将来には、国と基礎自治体である市町村の二層構造も可能

〔出所〕北海道道州制検討懇話会『道州制　北海道発・分権型社会の展望』。

道州制を全国的に展開する条件は小さい。そこで，まず北海道が道州制を先行実施することが必要になる。

(4) 道州制検討懇話会の最終報告書と道のこれまでの取り組み状況

　北海道庁は，本州等とは異なって，北海道が都道府県の合併を伴わずにそのまま道州に移行できることから道州制に関心が高く，これまでも道州制は検討されてきた。すでに述べたように，道は2000年度に「道州制検討懇話会」（座長横山純一北海学園大学教授＝筆者）を設置し，同懇話会は2001年2月9日に最終報告書（『道州制　北海道発・分権型社会の展望』）を，当時の堀知事に提出した。

　道州制検討懇話会の最終報告書では，財源問題を詳述し，道州制になっても地方財政調整が引き続いて重要であることを指摘するとともに，包括補助金と一括交付金を提案した[3]。

　包括補助金と一括交付金について，やや詳しく述べれば，包括補助金は経常的経費を対象にし，教育，福祉・保健など各々の分野ごとにまとめて計算ベースで国から交付されるものである。使途が限定・細分化されている現行の国庫補助負担金に対し，包括補助金はその分野であればどんな支出にも自治体は充てることができる。その際に，ナショナルミニマムとしての全国的な基準は一定の幅をもたせて定め，確保すればよく，自治体は地域の個別ニーズに応じて自立的に政策を選択でき，福祉・保健政策や教育政策の地域の決定権は包括補助金によって格段に高まるのである。

　また，一括交付金は公共事業の分権化を意味する。国から各自治体に対して一定の枠により一括交付され，各自治体は自己の政策判断と裁量のもとで事業展開できる。現行の国庫補助負担金は，省庁縦割りで事業ごとに細かく使途が限定され，地域で重点化したり横断的な施策がしにくかった。また，事業の必要性よりも補助制度があるから事業を実施していた面もあり，時に無駄な公共事業との批判を招くことにつながった。一括交付金になれば，自治体の自己責任は重くなるが，自治体の権限と裁量は拡大し，住民ニーズの

高い事業,地域に必要な大型プロジェクトの推進に財源を振り向けることが可能になる。

しかし,道州制検討懇話会の最終報告書の中では,道州,支庁,市町村のそれぞれの自治のありかたや仕事の割りふり,規制緩和についてはあまり踏み込まなかった。国・道・市町村の役割分担の現状を住民からの距離を尺度に整理した表（資料2-2）を作成するとともに,「住民に身近な事務は市町村が,市町村の区域を超えて広域にわたる事務は道州が,さらに広域にわたるもの・全国的なものは国が担う形になるのが最も望ましいと考える」[4]として原則論を提示するにとどめた。具体的にどのような仕事が道州（市町村）にふさわしいのか,どのような規制緩和が望ましいのかなどについては,道庁や国の出先機関,市町村,経済界などの間で本格的な議論が行われて,はじめて確固たる具体像がでてくると考えたからである。

先に述べたように,実は最終報告書が提出されてから以降の約2年間,道庁内部での議論はもちろん,道庁と国の出先機関,道庁と市町村,道庁と経済界の間で道州制の議論はほとんど進まなかったし,国と道,道と市町村の間で道州制を議論するための協議機関の設置もなかった。事務権限配分や仕事の分担,規制緩和の議論は,現場での議論なしには発展しない。その意味では,道州制検討懇話会にかかわった者としては残念でならないのである。

(5) 道州制を各経済圏域の発展に

改革には夢やパッションが必要である。道州制導入の意義は,自主自立の地域づくりが可能となる「北海道の新しい自治のかたち」をつくることにある。このため,道州制は単なる制度いじりに終始するものであってはならない。各経済圏域の発展や道民生活向上に,結びつけていくことが大切である。そこで,北海道のグランドデザインをどのように描くのかが重要になる。北海道は将来どのようになるのか,どのようになることが望ましいのか,抽象的ではなく,できるだけ具体的にピクチャーすることが重要なのである。

このためには制度論だけではなく,ある程度大括りな政策論が必要となる。

第2章 ▶▶▶ 道州制と北海道開発予算の現状・課題

■資料2-2 国・道・市町村の役割分担の現状（地理的範囲別）（左は公共事業以外、右は公共事業）

区分 実施主体	地域住民に身近なもの	市町村の区域を超えて広域にわたるもの	より広域にわたるもの（全国的なもの）	地域住民に身近なもの	市町村の区域を超えて広域にわたるもの	より広域にわたるもの（全国的なもの）
市町村	・消防 ・小中学校、幼稚園 ・都市計画 ・保健（高齢者、母子、障害者） ・福祉（高齢者、障害者） ・国民健康保険・介護保険 ・保育所 ・一般廃棄物処理			・道路（市町村道） ・河川（準用河川） ・公営住宅 ・都市公園 ・下水道 ・団体営土地改良 ・土地改良区 ・林業（造林、保林） （林業組合を含む）	・港湾の管理 （地方港湾） （※他府県では県管理が多い） ・漁港（1種漁港） （※他府県では市町村管理が多い）	
道	〔政令市〕 ・児童相談所、母子相談員 ・保健（結核、精神、感染症） ・食品衛生 ・産業廃棄物処理 ・建築確認 ・生活保護 ○市町村の保健、福祉費用の一部負担（1/3~1/4）	・警察 ・高校 ・都市計画 （市街化区域及び市街化調整区域、大規模な都市計画等） ・商工業振興等の設定 ・公害防止 ・食品衛生 ・保健所設置市 〔政令市・中核市等〕 ・農林水産物生産計画等の策定 ・農林水産委員等の法人の認可 ・農地、漁協等の法人の認可 ・農地転用の指定（4ha以下） ・保安林の指定 ・重要流通道路の指定（沿岸・沖合漁業）		・道営住宅 ・道営住宅の補修 ・漁港（1種漁港） （※他府県では市町村管理が多い） ・治山	・道路（道道） ・河川（1級河川指定区間） ・河川（2級河川） ・砂防・海岸 ・空港（3種空港） ・道立都市公園 ・流域下水道、共下水道 ・国営土地改良 ・漁場整備 ・漁港（2種漁港） （※他府県では市町村管理が多い） ・治山	・港湾の管理 （特定重要港湾、重要港湾） （※他府県では府県管理が多い） ・空港（2種B空港） （※設置者は国） ・漁港の管理 （3種漁港、4種漁港）
国	○道、市町村の保健、福祉費用の一部負担（3/4~1/3） ○小中学校教職員給与費の一部負担（1/2）	（再掲） ・電源開発 ・金融 ・運輸 ・職業安定 ・大学 ・農地転用（4ha超） ・保安林の指定（1級流域1~3号） ・商工業振興等	・外交・国防 ・年金・健康保険 ・電源開発 ・金融 ・運輸 ・職業安定 ・大学 ・保安林の指定（1級流域1~3号） ・商工業振興等 府県の区域をまたがる ・価格産物の生産調整、輸入調整等 ・都道府県の区域を超える漁協の認可 法人の認可 ・漁業の許可（沖合・沖合漁業）		・砂防・海岸・治山 ・国営都市公園 ・国営土地改良（大規模、難工事等） （再掲） ・道路（国道指定区間外） ・河川（1級河川指定区間外） ・鉄道 本道の区域内に係るもの ―北海道の特例―― ・国道（全線） ・2級河川の一部 ・港湾の整備（地方港湾）	・道路（国道指定区間） ・河川（1級河川指定区間外） ・鉄道 府県の区域をまたがる ・空港 （1種空港、2種A空港） ・港湾の整備（特定重要港湾、重要港湾） ―北海道の特例―― ・港湾の整備 （3種漁港、4種漁港） ※資料2-1と同じ。

（出所）資料2-1に同じ。

※事務／役割は例示

道州政府と道内市町村はどのような役割を担えばよいのか，道州政府と市町村は適切な役割分担のもとでどのように相互に連携すればよいのか，将来の公共事業のありかたはどうするべきか，行政と地域住民との協働はどうあるべきか，どういう産業を基軸に北海道経済再生のシナリオを描くのか，少子高齢社会が進む中で地域特性を生かした取り組みができるのか，このような議論の延長上に本格的な道州制があると考える。そこで，丁寧かつ内実のある議論が必要となる。道庁の一部の担当部署だけではなく，道庁内各部，市町村，国の出先機関，経済界などの議論参加が重要である。

３ 北海道開発予算の現状と課題

(1) 北海道開発予算の分析の必要性

　国の出先機関の統廃合こそが道州制論議の要諦であるとの主張も一部で行われているが[5]，本来，国と地方の機能分担は北海道の将来像に合わせて検討されるべきものであると筆者は考えている。さらに，市町村でできないものや行うのに適していないものは道州が，道州でできないものや行うのに適していないものは国が行うのが望ましいという原則を持ちながら検討が行われるべきである。このような検討が行われた結果であれば，道州制が実現してからも，国の出先機関が残る場合もあり得るだろう（当然，現在よりもその機能は縮小するだろうけれども）。

　本節で，北海道開発予算について検討するのは，北海道経済が本州等の経済に比べて公共事業に依存する割合が高く，しかも北海道開発予算では，他県とは異なる公共事業に関する財政優遇措置（いわゆる北海道特例，1950年に北海道開発庁が設立されて認められたもので，道路法や河川法などで定められている）がとられているからである。仮に，道州制の全体像がみえないまま，国の出先機関と道との統合という組織論が先行されれば，これに伴って北海道特例が廃止・縮小される可能性が高まる。もちろん，北海道開発局

の存在と北海道特例の存廃とは直接にリンクするものではないが,少なくとも,北海道特例の縮小は現実味を持つことだろう。また,今後,国庫補助負担金の交付金化が進んだ場合でも,事業を維持する観点からは,開発局が存在する意味は大きいと言える。

後に示すように,北海道特例に伴う金額は約1,800億円である。ただでさえ国の財政状況の悪化の中で公共事業予算が減少していることを考えれば,北海道は二重の意味で公共事業予算の削減を受けることになるのである。否,道の財政再建プランで投資単独事業(道単独の建設土木事業)の大幅削減が打ち出されていることを考えれば,三重の意味での建設・土木事業の削減になる。実際,投資単独事業費は1995年度に1966億円あったのに対し,2005年度には983億円に落ち込んでいるのである(いずれも当初予算)。北海道経済は建設土木事業依存の体質からなかなか脱却できないでいるし,建設土木事業にとどまらず,景気の先行きが不透明な中で新しい企業戦略の構築に悩む企業や経営者が少なくない。その意味では,道と北海道開発局との先行的統合などの急激な改革は北海道経済にとって望ましいことではないのである。そうなれば,北海道経済再生や経済自立の可能性が薄れるおそれもある。北海道特例が維持されている時期に,経済自立に向けた努力をすることが必要である。制度構築のためには一定程度の時間が必要であり,ソフトランディングが重要であることを強調しておきたいのである。

これまでは,必ずしも北海道開発予算の実態を踏まえて道州制論議が展開されていたとは言い難かった。そこで,本節では,今後の道州制論議の参考に資するために,北海道開発予算の中身について取り上げることにしたのである。

(2) 北海道開発予算の現状[6]

まず,2004年度の北海道開発予算(当初予算)をみてみよう(資料2-3)。2004年度は7,822億5,600万円で,2003年度当初予算(8,172億1,900万円)に比べて4%減少している。北海道開発予算のほとんどを占める北海道開発事業

■資料2-3　2004年度北海道開発予算総括表

(単位：百万円)

事　項	2004年度予算額(A)	前年度予算額(B)	倍率(A／B)	備　考
I　北海道開発事業費	[1,194,484]	[1,264,163]	[0.94]	1　上段［　］書は、特別会計の直入財源に係る事業費を含む総事業費である。なお、特定開発事業費推進費等に係る事業費は含まれていない。
	768,306	802,441	0.96	
1　治山治水	141,279	144,723	0.98	2　治水事業には、道路関係社会資本(2004年度予算額300百万円及び前年度予算額890百万円)が含まれている。
治山	121,597	123,690	0.98	
治水	14,289	14,951	0.96	
海岸	5,393	6,082	0.89	
2　道路整備	257,901	277,821	0.93	3　特定開発事業推進費等の2004年度予算には、道州制北海道モデル事業推進費10,000百万円が含まれている。
3　港湾空港鉄道	47,143	56,349	0.84	
港湾	37,548	46,249	0.81	
空港	9,595	10,100	0.95	
4　住宅都市環境整備	72,376	71,231	1.02	4　本表のほかに、NTT事業償還時補助等2004年度予算額33,939百万円がある。
住宅	35,549	36,225	0.98	
都市環境整備	36,827	35,006	1.05	
都市環境整備	35,460	33,667	1.05	
廃棄物処理	1,367	1,339	1.02	
5　下水道水道	50,989	56,738	0.90	
下水道	34,958	37,743	0.93	
水道	4,442	4,989	0.89	
廃棄物処理	2,700	4,200	0.64	
農業公園整備	8,889	9,806	0.91	
6　農業農村整備	137,156	142,033	0.97	
7　森林水産基盤整備	48,612	52,096	0.93	
森林	9,966	10,948	0.91	
水産基盤整備	38,646	41,148	0.94	
8　特定開発事業推進費等	12,850	1,450	8.86	
II　北海道災害復旧事業工事計	176	68	2.60	
III　独立行政法人北海道開発土木研究所経費	824	547	1.51	
IV　アイヌ伝統等普及啓発費	1,794	3,279	0.55	
V　その他一般行政経費等	98	99	0.99	
VI	11,059	10,786	1.03	
合　計	782,256	817,219	0.96	

〔出所〕北海道開発局資料。

■資料2-4　北海道開発事業費の推移

(単位:億円,%)

年　度	一般公共事業費(A)		北海道開発事業費(B)		シェア
	金　額	対前年度比	金　額	対前年度比	(B／A)
1981年度	63,706	—	7,035	—	11.043
1982年度	63,698	1.000	6,990	0.994	10.974
1983年度	63,713	1.000	6,965	0.996	10.931
1984年度	63,140	0.991	6,911	0.992	10.945
1985年度	62,076	0.983	6,795	0.983	10.946
1986年度	61,359	0.988	6,725	0.990	10.960
1987年度	60,173	0.981	6,641	0.988	11.037
1988年度	70,948	1.179	7,667	1.154	10.806
1989年度	72,356	1.020	7,773	1.014	10.743
1990年度	72,550	1.003	7,726	0.994	10.649
1991年度	76,366	1.053	8,065	1.044	10.561
1992年度	79,920	1.047	8,419	1.044	10.534
1993年度	83,913	1.050	8,818	1.047	10.509
1994年度	88,138	1.050	9,151	1.038	10.383
1995年度	91,715	1.041	9,447	1.032	10.300
1996年度	95,501	1.041	9,800	1.037	10.262
1997年度	96,770	1.013	9,871	1.007	10.200
1998年度	89,177	0.922	9,075	0.919	10.177
1999年度	91,630	1.028	9,300	1.025	10.150
2000年度	93,580	1.021	9,419	1.013	10.065
2001年度	93,625	1.000	9,420	1.000	10.061
2002年度	83,512	0.892	8,386	0.890	10.042
2003年度	80,244	0.961	8,024	0.957	10.000
2004年度	77,433	0.965	7,683	0.957	9.920

〔出所〕資料2-3に同じ。

費の推移をみると（資料2-4），1997年度の9,871億円をピークに大幅に減少していることが把握できる。一般公共事業費に占める北海道開発事業費の割合も，2003年度までは10～11％台を維持してきたが，2004年度には10％台をキープできず，9.92％まで落ち込んでいる（2006年度の北海道開発予算は6,899億円で2005年度当初比7.3％減少した。したがって，北海道開発事業費も減少し6,784億円となった。同事業費の全国の一般公共事業費に占める割合は9.52％と過去最低となった）。

　資料2-5は，地方支分部局が分掌する事務の概要を示している。国土交通

■資料2-5　地方支分部局が分掌する事務の概要

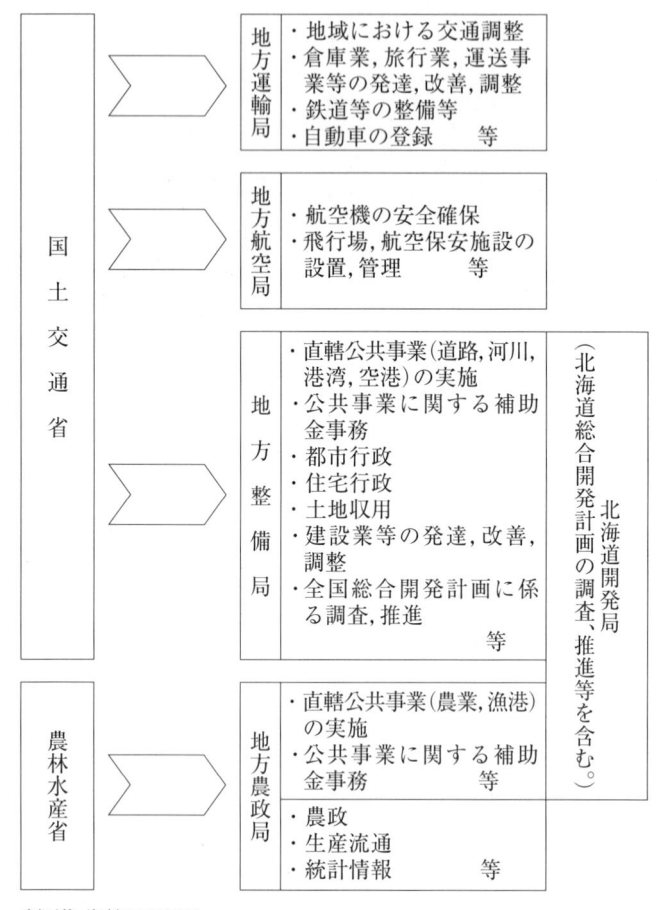

国土交通省	→	地方運輸局	・地域における交通調整 ・倉庫業,旅行業,運送事業等の発達,改善,調整 ・鉄道等の整備等 ・自動車の登録　　等
	→	地方航空局	・航空機の安全確保 ・飛行場,航空保安施設の設置,管理　　等
	→	地方整備局	・直轄公共事業(道路,河川,港湾,空港)の実施 ・公共事業に関する補助金事務 ・都市行政 ・住宅行政 ・土地収用 ・建設業等の発達,改善,調整 ・全国総合開発計画に係る調査,推進　　等
農林水産省	→	地方農政局	・直轄公共事業(農業,漁港)の実施 ・公共事業に関する補助金事務　　等 ・農政 ・生産流通 ・統計情報　　等

（北海道総合開発計画の調査、推進等を含む。）北海道開発局

〔出所〕資料2-3に同じ。

省には地方運輸局，地方航空局，地方整備局があり，それぞれの仕事の内容は資料2-5のとおりである。このうち地方運輸局は北海道に存在するが，地方航空局は東京と大阪にしかない。北海道を担当するのは東京にある地方航空局である。資料2-6のように，地方整備局は北海道以外にあり，東北，関東，北陸，中部，近畿，中国，四国，九州の8つの地方整備局がある（この

50

第2章 ▶▶▶ 道州制と北海道開発予算の現状・課題

■**資料2-6** 地方整備局と地方農政局管轄区域図

地方整備局管轄区域図

港湾・空港関係業務については，長野県及び福井県は北陸地方整備局の，山口県のうち下関市は九州地方整備局の管理区域とする。

○本局庁舎(港湾空港関係を除く)
□本局庁舎(港湾空港関係)

北海道開発局
東北地方整備局
仙台市
北陸地方整備局
新潟市
大宮市
関東地方整備局
中国地方整備局
広島市　神戸市　名古屋市　横浜市
大阪市
中部地方整備局
福岡市　下関市　高松市
近畿地方整備局
四国地方整備局
九州地方整備局
沖縄総合事務局

地方農政局管轄区域図

北海道開発局
北陸農政局
東北農政局
近畿農政局
中国四国農政局
関東農政局
東海農政局
九州農政局
沖縄総合事務局

〔出所〕資料2-3に同じ。

他に沖縄総合事務局が存在する)。北海道には地方整備局がないが,北海道開発局が地方整備局の仕事を行っている。また,農林水産省には地方農政局が北海道以外の地域に存在し(全部で7つ,東北,関東,北陸,東海,近畿,中四国,九州,この他に沖縄総合事務局がある),公共事業と農政部門を仕事としている。北海道には地方農政局はなく,地方農政局が行う仕事の中で,農政部門を除いた仕事を北海道開発局が行っている。つまり,北海道開発局

■資料2-7　北海道開発局の定員推移

(単位:人)

年　度	年度末定員	年　度	年度末定員
1951	3,152	1978	10,227
1952	3,182	1979	10,132
1953	3,162	1980	10,022
1954	3,117	1981	9,900
1955	3,081	1982	9,774
1956	3,181	1983	9,634
1957	3,181	1984	9,490
1958	5,358	1985	9,026
1959	5,784	1986	8,886
1960	6,115	1987	8,745
1961	10,366	1988	8,612
1962	11,654	1989	8,481
1963	11,651	1990	8,349
1964	11,688	1991	8,222
1965	11,767	1992	8,126
1966	11,765	1993	8,038
1967	11,763	1994	7,890
1968	11,602	1995	7,740
1969	11,425	1996	7,599
1970	11,298	1997	7,466
1971	11,127	1998	7,321
1972	10,952	1999	7,180
1973	10,770	2000	7,023
1974	10,594	2001	6,729
1975	10,506	2002	6,629
1976	10,408	2003	6,519
1977	10,319	2004	6,403

〔出所〕資料2-3に同じ。

は，国土交通省の地方整備局と農林水産省の地方農政局の両方をかねそなえた仕事を行っているのである。資料2-5のように北海道開発局は住宅行政や都市行政などの仕事も行っており，公共事業だけを仕事としているわけではない。ただし，主たる事業は公共事業である点は間違いないだろう。

北海道開発局の職員数は1960年代，1970年代に1万人を超えていたが，1980年代にはいってから今日までは継続して減少し，2001年度以降は6,000人台で推移している（資料2-7）。ピーク時に比べて4割以上の職員が削減されたことになるのである。なお，北海道開発局の職員は，「行政部費」支弁職員（開発局本局と開発建設部の管理職員＝課長までのクラス等）と「工事諸費」支弁職員（開発建設部本部，および事務所等の直轄事業に従事する職員）に区分される。2004年度においては「行政部費」支弁職員が1,241人，「工事諸費」支弁職員が5,162人であった。資料2-3の開発予算の中では，「行政部費」支弁職員の人件費は，「その他一般行政費」（110億5,900万円）に計上され，「工事諸費」支弁職員の人件費は各事業費の中に含まれている。

■資料2-8　総事業費と直轄・補助の割合ならびに国費負担と地方負担の割合

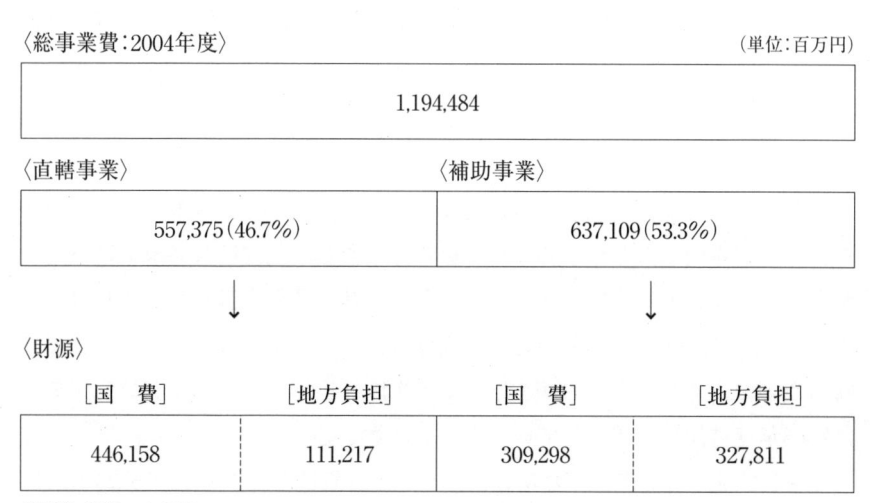

〈総事業費：2004年度〉　　　　　　　　　　　　　　　　　　　　　　（単位：百万円）

1,194,484

〈直轄事業〉　　　　　　　　　　　　〈補助事業〉

557,375（46.7％）	637,109（53.3％）

↓　　　　　　　　　　　　　　　　　↓

〈財源〉

［国　費］	［地方負担］	［国　費］	［地方負担］
446,158	111,217	309,298	327,811

〔出所〕資料2-3に同じ。

公共事業費は，国が自ら事業を実施する「直轄事業費」と地方が事業を実施する「補助事業費」に区分され，財源的には国の負担分である「国費」と地方の負担分である「地方負担額」に区分される。資料2-3の〔　〕の数値と資料2-8の数値（2004年度，1兆1,944億8,400万円）は，総事業費（国費と地方負担額の合計）を示している。また，資料2-8は，直轄事業費と補助事業費の割合や，国費と地方負担額がどのようになっているのかを示しているが，直轄事業費と補助事業費は47対53と拮抗していることが把握できる。本州等に比べて直轄事業費の割合が高い点が北海道の特徴である。なお，北海道開発予算（資料2-3）には，資料2-8の「国費」の分が計上されている。総事業費ベースで直轄・補助別に北海道開発事業費を示した資料2-9をみてみると，直轄事業の割合が，とくに高いのは道路事業と港湾事業であることが把握できる。また，道路事業費（直轄分）の金額が大きく，北海道開発事業費（直轄分）の45％を占めている。

　2004年度の国予算では，「道州制の検討に資する北海道広域連携モデル事業」が創設され，100億円の予算措置がなされた点が注目される。この100億円は北海道開発予算の中に含まれている（資料2-3の「特定開発事業推進費等」に含まれている）。この100億円は，道が行う国の補助事業費であり，補助率や補助基準などの補助要件を充たしていれば，道はどんな公共事業にも使用することができる。4年間予算措置される計画になっているが，「道州制の検討に資する」ためであるから，細切れに多種類の事業に使うのではなく，北海道の産業再生や観光事業の推進など，道には市町村と連携しながら戦略を持ちながら使うことが求められている。ただし，使途は公共事業に限定されており，ソフト事業には使えないことや，補助要件を満たさなければならないなどの制約要因が大きいため，実際には，道は事業の選択に悩むことになったのである。なお，100億円が計上されたといっても，北海道開発予算は2003年度に比べて減少している点にも注意が必要である。

　北海道開発予算を考察する場合に，もっとも着目しなければならないのは，北海道特例の存在である。北海道特例は大きく分けて2つある。1つは，補

第2章 ▶▶▶ 道州制と北海道開発予算の現状・課題

資料2-9 2004年度北海道開発事業費費直轄補助別予算額

(単位：百万円)

事　項	2004年度予算額(A)			前年度当初予算額(B)			倍率(A／B)			2004年度		前年度	
		直轄	補助		直轄	補助		直轄	補助	直轄	総額	直轄	総額
北海道開発事業費	1,194,484	557,375	637,109	1,264,163	582,623	681,540	0.94	0.96	0.93	46.7%	46.1%		
	(205,474)		(91,168)	(210,844)		(94,808)	(0.97)		(0.96)				
1 治山治水	205,986	114,307	91,679	212,407	116,036	96,371	0.97	0.99	0.95	55.5%	54.6%		
治水	(172,102)		(64,842)	(174,721)		(65,893)	(0.99)		(0.98)				
	172,614	107,260	65,354	176,285	108,828	67,457	0.98	0.99	0.97	62.1%	61.7%		
治山	22,865	6,426	16,439	24,127	6,584	17,544	0.95	0.98	0.94	28.1%	27.3%		
海岸	10,507	620	9,886	11,995	624	11,371	0.88	0.99	0.87	5.9%	5.2%		
	(393,081)		(143,185)	(416,756)		(153,296)	(0.94)		(0.93)				
2 道路整備	392,569	249,896	142,673	415,192	263,460	151,732	0.95	0.95	0.94	63.7%	63.5%		
3 港湾空港鉄道等	58,337	54,023	4,314	70,858	65,853	5,005	0.82	0.82	0.86	92.6%	92.9%		
港湾	47,523	45,355	2,168	59,600	55,912	3,688	0.80	0.81	0.59	95.4%	93.8%		
空港	10,814	8,668	2,146	11,258	9,941	1,317	0.96	0.87	1.63	80.2%	88.3%		
4 住宅都市環境整備	139,630	26,368	113,262	137,392	26,283	111,109	1.02	1.00	1.02	18.9%	19.1%		
住宅	72,783	—	72,783	74,346	—	74,346	0.98	—	0.98	—	—		
都市環境整備	66,847	26,368	40,479	63,046	26,283	36,763	1.06	1.00	1.10	39.4%	41.7%		
5 下水道水道廃棄物処理等	106,571	2,275	104,296	122,079	2,126	119,953	0.87	1.07	0.87	2.1%	1.7%		
下水道	65,786	—	65,786	71,734	—	71,734	0.92	—	0.92	—	—		
廃棄物処理	12,385	—	12,385	13,999	—	13,999	0.88	—	0.88	—	—		
都市公園	10,502	—	10,502	16,459	—	16,459	0.64	—	0.64	—	—		
	17,898	2,275	15,623	19,886	2,126	17,760	0.90	1.07	0.88	12.7%	10.7%		
6 農業農村整備	210,802	95,050	115,753	219,679	93,200	126,478	0.96	1.02	0.92	45.1%	42.4%		
7 森林水産基盤整備	80,589	15,456	65,133	86,557	15,665	70,892	0.93	0.99	0.92	19.2%	18.1%		
森林基盤整備	27,936	—	27,936	29,897	—	29,897	0.93	—	0.93	—	—		
水産基盤整備	52,653	15,456	37,197	56,660	15,665	40,995	0.93	0.99	0.91	29.4%	27.6%		

注1) 本表には、特定開発事業推進費等は含まれていない。
　2) 特別会計の直入財源に係る事業費を含む。
　3) 上段( )書きは、道路関係社会資本の2003年度予算額(治水事業1,564百万円)、2004年度予算額(治水事業512百万円)を全て道路事業に含んだ場合のものである。
　4) 計数整理の結果異動を生じることがある。
　5) 四捨五入の関係で計と内訳が一致しないことがある。
[出所] 資料2-3に同じ。

■資料2-10　主な国庫補助負担率の北海道特例

事　業	事　　　項			都 府 県	北 海 道
治　　水	河川改修	直轄	大 規 模	7／10	8.5／10
			一　　般	2／3	8／10
		補助	一級河川	1／2	2／3
			二級河川	1／2	5.5／10
	ダム建設	直轄	一級河川	7／10	8.5／10
		補助	二級河川	1／2	5.5／10
	海　岸	補助	高潮・侵食	1／2	5.5／10
道 路 整 備	幹線道路	直轄	一般国道		
			一般	2／3	8／10
			都計4車・大規模	7／10	8／10
		補助	地方道	1／2	5.5／10
	交通連携	直轄	結節点	2／3	8／10
		補助	交通結節点	1／2	5.5／10
	雪寒事業	直轄		2／3	8.5／10
港　　湾	港湾改修	直轄	外かく・水域 （特定重要港湾・重要港湾・地方港湾）	（特定重要港湾のみ） 2／3	8.5／10
		補助	外かく・水域 （特定重要港湾・重要港湾・地方港湾）	5／10	3／4
空　　港	空港整備		基本施設		
		直轄	（2種・A）	2／3	8.5／10
		補助	（2種・B）	5.5／10	2／3
			（3種）	5／10	6／10
都市環境整備	交通安全	直轄	一種	2／3	
農業農村整備	かんがい排水				
		直轄	ダム	2／3	8.5／10
			ダム以外　田	2／3	7.5／10
			畑	2／3	8／10
水産基盤整備	漁港漁場整備				
		直轄	外かく・水域	（補助・4種）	
			4種	2／3	8／10
			3種	1／2	8／10
		補助	外かく・水域		
			1・2種	1／2	7／10

〔出所〕資料2-3に同じ。

助率のかさ上げ（財源面の特例）であり，もう1つは国が実施する事業の範囲が本州等に比べて広いこと（事業面の特例）である。つまり，前者は，北海道の場合，国が実施する直轄事業，道などが実施する補助事業ともに，国が負担する割合が本州等よりも高くなっている（資料2-10）。例えば，一般国道の改築事業の国庫負担率は，北海道（直轄事業）は10分の8であるのに対し本州等（直轄事業）は3分の2になっている。また，地方道の改築事業の国庫負担率は，北海道（北海道実施の補助事業）が10分の5.5なのに対し，本州等（都府県実施の補助事業）は2分の1になっているのである。さらに，後者の国が実施する事業の範囲が北海道では他の都府県に比べて広くなっている点であるが，例えば，一般国道の維持費をみると，北海道では一般国道は全線（6,400キロメートル）が直轄管理であるが，本州等では一般国道の68％が知事管理の国道（いわゆる補助国道）になっていて，直轄管理はわずか32％にすぎない（資料2-11）。国道維持費の国庫負担率は，北海道（すべて直轄）は10分の7であるのに対し，本州等（直轄）は10分の5.5である。そして，知事管理の補助国道の維持費はすべて都府県が負担している。このことにより，北海道の財政負担割合が本州等に比べて低くなっていることが把握できるのである。例示した事業以外の主な国庫補助負担率の北海道特例（資料2-10）と，都府県では補助事業，北海道では直轄事業として実施している主な事業（資料2-11）を資料として掲げたが，北海道特例が多くの事業においてみられることが把握できるのである。

　では，以上のような北海道特例を廃止すると，北海道が受ける影響額はどの程度になるのだろうか。北海道開発局では，北海道特例に関する様々な試算を行っているが，そのうちの1つを紹介しよう（資料2-12）。この試算は，2004年4月13日に，北海道開発局が2003年度の北海道開発予算のうちの直轄事業費（約4,700億円，高規格道路を除く）について行ったもので，地方の負担金総額を増やさないことを前提にして，補助率かさ上げを廃止し，直轄事業の範囲を本州等並にする（指定河川，開発道路，地方港湾等の直轄整備廃止，補助国道化の実施）試算である。この試算方法によると，事業費総額は

■資料2-11 都道府県では補助事業, 北海道では直轄事業として実施している主な事業

事業名	区　分	北　海　道	都　府　県	備　考
河　川	2級河川の指定河川	直轄河川改修費	河川改修費補助	2級河川のうち国土交通大臣指定の河川を直轄で実施。本州等は無し
道　路	国道の改修	一般国道直轄改修費	一般国道改修費補助	本州等は国道の約2/3を県及び政令指定都市で実施
	開発道路	地方道直轄改修費	地方道改修費補助	地方道のうち国土交通大臣指定の道路について直轄で実施
港　湾	地方港湾	直轄港湾改修費	港湾改修費補助	本州等は特定重要港湾, 重要港湾のみを直轄で実施
漁　港	3・4種漁港	直轄特定漁港漁場整備費	特定漁港漁場整備事業(補助)	本州等は1〜4種全て補助事業
農　業	かんがい排水施設	国営かんがい排水事業費（採択基準）1,000ha以上	国営かんがい排水事業費（採択基準）3,000ha以上	直轄事業の採択基準面積の違い
	かんがい排水施設, 農地開発区画整理の総合的な整備	畑地帯総合土地改良パイロット事業費	畑地帯総合土地改良事業費補助	本州等に直轄は無し。全て補助事業

〔出所〕資料2-3に同じ。

第2章 ▶▶▶ 道州制と北海道開発予算の現状・課題

■**資料2-12　北海道特例について**

○地方（北海道等）の負担を増やさないようにして，補助率かさ上げを廃止し，直轄事業の範囲を本州等並にすると，国の負担が減少する分，道内の公共事業費は減少します。
（指定河川，開発道路，地方港湾等の直轄整備廃止，補助国道化（0％→68％））
○この結果，道内の雇用は約2万4千人減少し，失業率は約0.8％上昇することが予測されます。

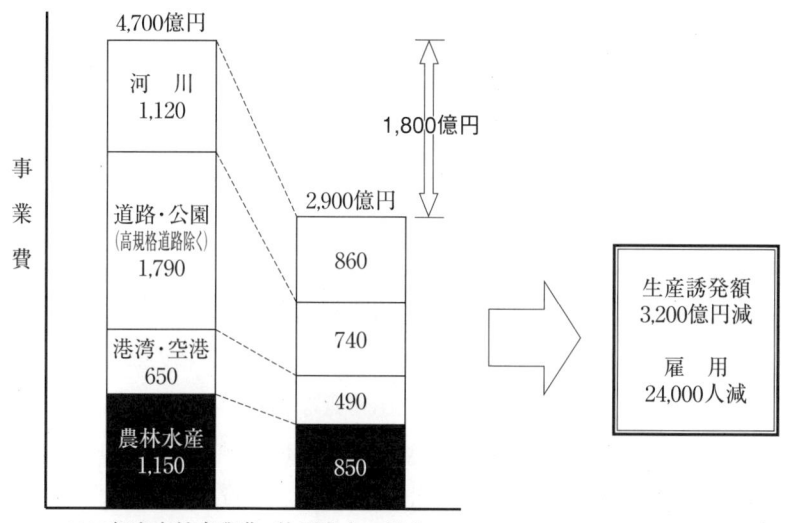

事業費

	4,700億円		2,900億円	
河川	1,120			
道路・公園（高規格道路除く）	1,790	→	860	1,800億円
			740	
港湾・空港	650		490	
農林水産	1,150		850	

2003年度直轄事業費　　特例廃止の場合
（高規格道路除く）　（後進地特例適用）

⇒　生産誘発額 3,200億円減
　　雇用 24,000人減

（例）国費負担率8／10の直轄事業の場合

	事業費	国　費	地方負担
現　行 （8/10）	100億円	80	20 固定
移管後 （2/3）×1.11	77億円	57	20

※　移管後については，都府県並の国庫負担率に後進地特例の適用に係る1.11を乗じた。

　現在は北海道開発局が100億円の事業を実施する場合，国が80億円，地方で20億円負担しています。補助率かさ上げがない場合，国庫負担率は2／3ですから，地方の負担（20億円）を変えないとした場合，事業費は60億円となります。

〔出所〕資料2-3に同じ。

1,800億円減少し、これまでの4,700億円の直轄事業費は2,900億円にまで落ち込むことになる。また、このような事業規模減少に伴い、建設業従事者を中心に約24,000人が職を失い（24,000人の雇用が減少）、失業率は0.8ポイント上昇することになるのである。高規格道路を除いた直轄事業については、地元企業の受注実績が高い水準になっている。北海道経済への打撃が大きいと言える。このような中で、道と市町村がこれまでの水準の事業量を確保するには、道と市町村は莫大な金額を新たに負担しなければならなくなるが、それは現状では難しいのである。

4 道州制と地域分権

(1) 道州制と道内分権（道州と市町村の関係）

　道州制論議では、国と道州との関係だけではなく道内分権の議論が重要である。道州制のもとでは、住民にもっとも身近な行政主体である市町村の役割が大きくなり、分権時代にふさわしい行財政基盤の確立と安定的な行政運営が市町村に強く求められる。その際、市町村への事務・権限移譲との関連で市町村合併が必要との考え方がある。

　しかし、北海道の場合、一般に、広大な市町村面積ゆえに市町村合併を行っても行政効率化効果が乏しいし、行財政基盤が弱い自治体が多いため合併しても行財政基盤は強くならないと言える[7]。例えば、市町村合併が行われれば、学校の統廃合が進むと一般的にされている。しかし、単独自治体を選択した別海町（面積約1,300平方キロメートル）では、22台のスクールバスを保有している（2005年12月現在）。市町村の面積が広大な北海道における市町村合併は、一部地域を除けば、別海町クラスもしくはそれを上回る面積の自治体をつくることになるから、どうしても行政効率化効果は乏しくなるのである。また、本州に比べて、北海道では市の財政状況が芳しくない。財政が安定している市を中軸にして郡単位のまとまりがある本州とは異なり、北

海道では，行財政基盤の強化の展望がなかなか開けないのである。

　さらに，一部の地域を除けば，地域振興と行政改革のどちらも道内の多くの合併議論からみえてこない現状を考えれば（「合併してから重要なことは決めましょう」という法定合併協議会における根本的な議論の先送り，「自立」自治体よりも進まない行政改革，合併しても圏域全体の発展見通しがたたない，法定合併協議会の破談に伴う近隣自治体との関係悪化など），合併新法に移ってからも，市町村合併をこれまでと同様な手法や他府県と同様のやり方で行っていけば，北海道全体の活力をそぐことになりかねないことが懸念されるのである。

　地方自治制度の改革の方向においては，画一的な制度設計や硬直した考え方を極力排し，フレキシビリティ（柔軟かつ融通の聞く考え方）を何よりも重視する必要がある。「道州制だから国の出先機関はあってはならない」とか「道州制だから府県合併が必要不可欠である」とか，「地方分権を進めるためには市町村の規模が大きくなければならない」「分権を進めるには市町村合併がなされなければならない」といった「なければならない」論は，時には地域の経済や住民生活に負の影響を与える可能性があることに注意しなければならないのである。

　その点では，関西経済連合会が2003年2月に『地方の自立と自己責任を確立する関西モデルの提案』と題する報告書を公表したが，この報告書でなされている提案内容は注目に値する。この提案では，道州制を積極的に提案しているが，府県合併をしなければ道州制が実現しないとの考え方をとらず，府県をそのまま残しながら府県連合型で道州制が実現可能であるとしている（「広域連合関西州の設立」）。また，同報告書では，市町村合併についても，「諸外国には，なかば強制的に市町村合併を進めたところがあるが，わが国でとるべき方策とは思わない。住民の選択により，小さくても単独で生き残りを模索する自治体があってもよい」[8]としたうえで，財政状況が厳しく効率化のために合併の必要性を感じていても，市町村合併にはストロー効果が働くといった弊害や複雑な住民感情の問題があることから合併に踏み切らない

自治体も多いことを理解し，市町村合併以外の選択肢として，連合自治体構想（普通地方公共団体である市町村共同体「郡」）を提案しているのである[9]。

　筆者は，「なければならない」論はとらない。したがって，市町村合併を伴わなければ道内分権を進めることができないという立場はとらない。そこで，道内分権（事務・権限移譲）の受け皿としての広域連合制度を創設することを提言したい[10]。広域連合制度に関する筆者の提言は8つにまとめられよう。まず，広域連合制度は道（支庁）と市町村とで構成される。次に，広域連合制度は北海道の新しい自治のかたちとして北海道全域において創設される（北海道スタンダード）。3つ目，事務権限移譲が次第に進んでいけば，最終的には，人口の多い一部の市を除けば，広域連合にはほとんどの市町村が加わる。4つ目，事務・権限移譲は道州と市町村との慎重な議論を進める中で段階的に行う。5つ目，広域連合制度に支庁が加わるため，支庁制度改革との連関が必要である。6つ目，広域連合制度を北海道スタンダードとして創設するのであるから，基本的に合併機運が非常に高い一部の地域を除いて，合併特例法期限後は合併問題は打ち止めにする。現在，多くの市町村長が市町村合併問題への対応に追われ，道州制を論議できる環境におかれていない。道州制に市町村が集中できるようにするために，このような措置が必要になる。7つ目，事務・権限移譲の進捗状況にもよるが，これまで行われてきた一部事務組合や広域連合よりも総じて規模の大きい（構成市町村数が多い）広域連合制度が想定されることになるだろう。8つ目，ただし，これまでにつくられている一部事務組合（下水道や上水道，廃棄物処理など）や広域連合制度（介護保険，病院事業など）などは構成自治体の判断で維持できるし，従来型の一部事務組合や広域連合を新しくつくることも妨げられることはない。むしろ，ますます従来型の一部事務組合や広域連合は重視されなければならない。というのは，事務・権限移譲は段階的に行われなければならないから，道内分権の受け皿としての広域連合は段階的に行われる必要がある。このような中で，市町村財政状況がきびしいという現実もふまえれば，行政効率化を推進することや地域間連携をはかる必要がさしせまって市町村には

求められている。そこで，やれるところから「特定目的」の広域連合制度や一部事務組合をつくることが必要となるからである。

(2) 支庁とは別に（当初は支庁の中に）経済産業政策を担う組織をつくる

　北海道経済自立論が叫ばれてから久しい。その後，ＩＴなど一部に明るい動きはあるものの，炭鉱の閉山，第１次産業を取り巻く環境の悪化，中小企業の倒産の増大，製造業の海外立地の進展など，北海道経済を取り巻く環境は一層悪化している。筆者は，道州制を，北海道経済の発展をめざす絶好の機会にしなければならないと考える。しかも，重要なことは，各経済圏域ごとの発展チャンスにする必要があることである。人口が集中し，新千歳空港と苫小牧港があって企業立地が多い道央圏と，近い将来新幹線効果にめぐまれる道南圏，第１次産業が元気な十勝圏を除けば，各経済圏域の状況は決して楽観視できない。少子高齢社会の進展や道央一極集中が進む中，地域特性を活かしながら，各経済圏域の発展を志向するチャンスは，今後そう多くないだろうことが銘記されなければならない。

　そこで，まず，規制緩和の重要性を訴えたい（反対に自然保護関係など必要な規制もある）。産業発展の展望との関連で，積極的に規制緩和の中身を検討し，ふさわしい規制緩和を強力に実現する必要があろう。次に，「地域経済サポートエージェンシー」の設立を提言したい[11]。現行の支庁による経済・産業政策では限界がある。その理由は様々であるが，何よりも言えるのは，「官」は「民」に比べて状況の変化に機敏に対応できていない点である。また，「官」の考え方は手堅いけれども斬新なものが出にくいという難点を持っている。そこで，産業の育成と競争力強化のために，民間の視点や明確な問題意識を持った新しい組織（地域経済サポートエージェンシー）を立ち上げる必要があると考える。

　この新しい組織は，経済産業政策や地域開発，雇用政策等を実施するもので，各経済圏域ごとに設置される。民間人を多数採用するとともに，市町村

職員なども市町村代表として加わる。言うまでもなく経済の基本は民間自身の自己努力である。しかし、「地域経済サポートエージェンシー」などが支援する中で、例えば、1.5次産業の芽が出るなどの成果が生まれる可能性がある。また、育てる漁業の一層の組織的取り組みやシステム化などが行われ、成果が上がる場合も出てくるだろうと考える。

　なお、過渡的には、このような性格を持った組織を支庁の中につくることになるだろう。事務・権限移譲や広域連合制度の創設等で、しばらくの間、支庁の役割は大きくならざるを得ないだろうからである。ただし、経済産業政策などを担う部署には民間人を採用するとともに、民間の視点や明確な目的意識性を持った政策遂行が求められる。市町村や広域連合が力をつけてくれば、事務・権限移譲が進むことになる。その際には支庁の役割は小さくなり、場合によっては、支庁の廃止も展望される。地域経済サポートエージェンシーは、支庁が廃止されたり、支庁の役割が縮小された際には、名実ともに独立の機関として機能を発揮し、経済産業政策を担うことになる。

　また、本格的な道州制が実現するまでの間に必要な社会資本整備は何か、必要な産業政策は何かが明確化されなければならない。中長期的には、各経済圏域の特性を踏まえながら、公共事業に過度に依存しない産業構造を各経済圏域ごとに展望することが求められる。

(3) 一括交付金・包括補助金の提案

　道州制の財源は、地方税、地方交付税、包括補助金・一括交付金であると考える。現在の北海道の場合、地方税収入が歳入の18％しかないので、道州制になっても地方財政調整制度が引き続き重要である。先に道州制検討懇話会の最終報告書について述べてあるため繰り返さないが、包括補助金になれば、道州や市町村は地域の個別のニーズに応じて自立的に政策を選択でき、福祉・保健政策や教育政策の地域の決定権は包括補助金によって格段に高まる。また、国から地方に一定の枠により一括交付される一括交付金が実現すれば、自治体は自己の政策判断と裁量で事業展開ができるので、自治体の権

限と裁量は拡大し，住民ニーズの高い事業，地域に必要な大型プロジェクトの推進に財源を振り向けることが可能となる。なお，当分の間，一括交付金のもとでも事業・財源の特例措置は維持されるべきである。

　筆者は，包括補助金と一括交付金を過渡期の制度として考えている。最終的には，地方の財源は，国庫補助負担金は義務教育や生活保護など一部を除いて廃止し，地方税と地方交付税で構成されることが理想ではないかと考える。地方税と地方交付税は，地方自治体の支出の自由裁量権を保障する地方一般財源であり，自治体の財政裁量権を担保し，その財政自立権を確保するうえで有意義な制度であるからである。しかし，北海道先行実施の道州制の場合，全国的な地方財政調整制度のしくみを動かすことには困難が伴うし，ただちに国庫支出金を廃止することは現実的に不可能でもある。また，包括補助金と一括交付金については，できるだけ大括りな丸め方をすることがのぞましいが，徐々に弾力化する（徐々に丸め方を拡大する）ことが可能であり，現実的な対処が可能である。そこで，地方分権を一歩進めるための現実的な税財源政策として包括補助金と一括交付金を提案したのである。

5　本格的な道州制への過程論
　　（地域振興と行政改革の両立としての過程論）

　最終的には，国の出先機関を廃止もしくは縮小するとともに，現行の道庁機構を大幅に改革（支庁制度改革，本庁改革）し，その両者を統合した道州政府をつくることによって本格的な道州政府が実現すると考える。このような道州制の完成に至るまでの過程が重要で，許認可権などの拡大，可能な限りのローカルルール設定範囲の拡大を進める。また，この過程で，道庁は市町村支援機能強化を目指した支庁制度への改革を行うとともに，大胆な本庁改革に取り組む必要がある。例えば，一括交付金が採用されれば，その配分において「市町村を支援する機能を拡大した」支庁の役割は大きくなるだろうからである。また，支庁は，道内分権の受け皿としての広域連合に市町村

とともに加わる。さらに，地域の経済・産業政策における支庁の役割と民間活力の活用が重視される必要がある。地域経済サポートエージェンシーは重要であるし，支庁制度の改革を「官」(道庁) 内部の機構改革にとどめてはならない。さらに，国の出先機関との機能分担を推し進める場合でも，支庁の役割変化と制度改革が想定されなければならない。

市町村や広域連合が力をつけ，道内分権が一層進めば支庁は縮小もしくは廃止となろう。その際に，地域経済サポートエージェンシーは名実ともに支庁とは別個の独立機関になり，一括交付金の配分を受け執行することになる。道州は現在の道庁をそっくり移すものではない。支庁制度改革とその裏側にある本庁改革を踏まえながら，市町村などとの新しい関係を「道州」は取り結ぶことができるのであろう。

さらに，北海道開発局は，地域ニーズにあった事業展開と北海道にふさわしい社会資本整備を目指して，大胆な事業のスクラップアンドビルドを行う必要がある。環境保全型公共事業を進める一方で，開発道路等の見直しが求められ，また，北海道開発予算の補助事業費と一部直轄事業費を中心に，可能な限りの一括交付金化を検討することが必要である。

❻ むすびにかえて

次の3点について述べることによって，むすびにしたい。
(1) 道州制議論の際に，国の財政が厳しい点が考慮されなければならない。筆者が包括補助金と一括交付金を提起したのは，これまでの国庫補助負担金に比べて交付額が多少減少しても，包括補助金や一括交付金が地方にとって使い勝手がよい分メリットがあるとして，国の財政再建をある程度意識し，それと地方分権，地域振興の両立を考えたのである。
(2) 道州制は，自主自立の北海道の自治のかたちづくりであり，夢とパッションを持った取り組みではあるが，同時に公共事業に依存してきた地域社

会と経済を支えるとともに変えていくため，自らに厳しい改革を課す取り組みにもなりえる。だからこそ，各経済圏域の発展を展望し内実化するための時間が必要であり，筆者は組織論先行の道州制に賛成できないのである。

(3) 筆者は一括交付金を提起したが，これによって，予算の流れが変わり，お金の使い方が変わる（一層有効に使う）可能性が生まれる。それは，北海道にとっても地方分権にとっても重要なことである。そうなれば，組織（国の出先機関など）のありかたも自ずと分権の方向に変わっていかざるを得ないだろう。

注

1) 北海道庁は，道州制にかかわる数多くの報告書づくりや提案を行っている。意見交換や資料提供してくださった北海道企画振興部地域主権室に感謝申し上げたい。
2) 小泉首相が道州制特区構想を言い出してから2004年4月頃までの期間の，道州制特区についての北海道庁の対応については，佐藤克広「北海道道州制特区構想の行方」『月刊自治研』537号（2004年）が詳しい。また，最新の道州制に関する論文としては，稲葉馨「道州制の考え方―地方自治法学の立場から―」，日本地方自治学会編『道州制と地方自治』，2005年11月，敬文堂，市川喜崇「道州制・都道府県論の系譜」，同上書を参照。
3) 包括補助金については，フィンランドの1993年の地方財政改革で設立された包括補助金制度から学ぶ点が多かった。フィンランドの制度については，横山純一『高齢者福祉と地方自治体』第2章，2003年4月，同文舘出版を参照。
4) 道州制検討懇話会『道州制　北海道発・分権型社会の展望』，2001年2月，7ページ。
5) このような議論展開に対し，短文の中ではあるが，山口二郎北海道大学教授は「（道州制についての……筆者）留意点は，既存行政組織の廃止やリストラに結びつけて議論してはならない点である。開発局その他の国の出先機関を統合し，道庁に吸収させるといえば，関係者は反発するに決まっている。むしろ，道州制は新しい北海道地方政府を，北海道の行政関係者の創意によって創り出すという姿勢が重要である」と述べている（『北海道自治体学会ニュースレター』，33号，2004年2月）。筆者は賛成したい。

6）北海道開発予算については，北海道開発局が筆者のヒアリングならびに調査に協力してくださるとともに，様々な資料提供を行ってくれた。また，空知管内の徳富（とっぷ）ダムなどの工事現場視察でも協力をいただいた。厚く御礼申し上げたい。
7）市町村合併については，本書の第3章と，横山純一「市町村合併問題と市町村の将来展望」『生活経済政策』，84号，2004年1月を参照。
8）関西経済連合会『地方の自立と自己責任を確立する関西モデルの提案』，2003年2月，10ページ。
9）筆者が座長を務めた札幌商工会議所・北海道商工会議所連合会の「道州制研究会」（第3回，2004年6月開催）に，関西経済連合会行政改革委員会委員長の井上義国氏（ダイキン工業顧問）に来ていただき，道州制や市町村合併についての考え方を直接お聞きすることができた。井上氏に厚く御礼申し上げたい。
10）本文で示したような広域連合制度を，筆者が最初に発表した「北海道の新しい自治のかたち―道州制に関する一試論」『月刊クオリティ』，2005年1月号を参照。
11）前掲の横山純一「北海道の新しい自治のかたち」を参照。

第3章 市町村合併問題と北海道の新しい自治のかたちの模索

1 平成の大合併の現状

(1) 平成の大合併の現状

　市町村合併特例法が2005年3月31日に期限を迎え、2006年3月末までに全国の市町村数は1,821に再編されることになった。同法施行前の1999年3月31日時点では3,232の市町村が存在していたから、市町村数は1,411減少（減少率44%）することになる。つまり、市の数は670から777に増加するが、町は1,994から846に、村は568から198に減少するのである。また、合併に伴う新自治体の誕生は581である。当初、市町村数が2,000を割るかどうかが今回の合併（平成の大合併）の焦点の1つになっていた感があったが、それを上回る市町村数の減少となったのである。

　これには、総務省の財政優遇措置（合併特例債の発行、地方交付税の合算特例など）の1年延長の措置が大きく働いた。つまり、総務省は、2005年3月31日の合併特例法の期限までに市町村が合併することを議会で可決し、都道府県知事に合併の申請をすれば、2006年3月31日までに実際に合併したケースに限り、合併特例債発行などの財政優遇措置が引き続き受けられることとしたのである。このため市町村は2004年の夏までに法定合併協議会をたち上げれば、財政優遇措置が受けられるようになった。2005年3月31日時点での市町村数が2,521であったから、このような財政優遇措置の1年延長によって、「駆け込み」的に合併を選択した市町村が少なくなかったのである。

　市町村数の大幅な減少は、首長、自治体の管理職、議員の数の大幅な削減

につながる。マクロでの財政削減効果は大きいと言えるだろう。だが，後にみるように，平成の大合併には問題点や課題も多いのである。

　平成の大合併の内容と特徴を詳しくみていくと，次の点があげられる。

　全国的には市町村数の大幅な削減がみられたが，合併の進捗度は地域的にかなりアンバランスになっている。総じて西日本のほうが東日本（北海道，東北，関東地方の都道県）よりも進んでいる「西高東低」と言うことができる。都道府県別の市町村減少率（1999年3月末と2006年3月末との比較）をみてみると，減少率が70％以上の県は広島県，愛媛県，長崎県の3県である。また，50～70％の減少率の県は17県存在するが，東日本は秋田県だけである。広島県を除く中国地方のすべての県や香川県，徳島県が減少率50～70％を示し，広島県，愛媛県を含めれば，中国・四国地方で著しく合併が進んでいると言うことができる。反対に，50％未満の都道府県は東日本に多い。大都市部の3都府県（東京都，神奈川県，大阪府）が10％未満，北海道，山形県，埼玉県，愛知県，奈良県，福岡県，宮崎県が10～30％となっている。そして，上述した県を除くすべての東北地方・関東地方の県が30～50％に属しているのである。なお，富山県，石川県，福井県，鳥取県，香川県，大分県では市町村数は実に10台に減少する。また，町と村の合計数が1桁になる県も，大分県の4を筆頭に8県存在するが（大分県，富山県，石川県，福井県，広島県，山口県，香川県，愛媛県），西日本に多いのである。

　では，なぜこのような地域的なアンバランスが生まれたのだろうか。昭和の大合併時に市町村合併があまり進まなかったため市町村数が比較的多く，かつ比較的小規模な市町村が多い県が西日本に多かったことなどの理由の他に，知事の合併への取り組み姿勢の強弱，市町村を超えた地域単位（郡など）におけるまとまりのよさがあるのかないのか，合併の中軸となる市の財政の状況，市町村面積の大小（全国ベースでは1町村当たりの平均面積は104.6平方キロメートルだが，北海道の町村の平均面積は363.45平方キロメートル，続いて岩手県231.94平方キロメートル，山形県197.28平方キロメートルと東日本に町村面積の大きい県が多い），隣接する市町村などとの歴史的関係などが，

第3章 ▶▶▶ 市町村合併問題と北海道の新しい自治のかたちの模索

今回の市町村合併の進捗状況に影響を及ぼしているとほぼ考えてよいだろう。

(2) 北海道における市町村合併の現状

　北海道における市町村合併は，全国的にもっとも進んでいない部類に入るだろう。合併件数は21，市町村数も32減の180にとどまるからである（減少率15％）。では，なぜ北海道で合併が進まなかったのだろうか。次の6点をあげることができる。

　まず，市町村面積が広大である点があげられる（資料3-1）。北海道には町村が178あるが，その3分の2は200平方キロメートル以上の面積を有している。また，全町村の28％が面積500平方キロメートル以上の町村である。北海道の町村の平均面積は，全国の1町村当たりの平均面積の約3.5倍で，町村の平均面積が全国でもっとも小さい埼玉県や佐賀県と比較すると約10倍になる。広い面積の町村が合併しても行政の効率化はあまり期待できない。例えば，足寄町の面積は約1,400平方キロメートル，別海町は約1,320平方キロメートルで，香川県の面積にほぼ等しい。道内での市町村合併は，足寄町や別海町のような規模か，それ以上の規模の自治体をつくるケースが多くなる。「北海道市町村合併推進要綱」に基づく北海道内の市町村合併パターンは106あるが，このうち約6割の61が1,000平方キロメートル以上の新自治体をつくることになるのである。一般に，合併を行うと小中学校の統廃合が進む。すると，面積が広いのでスクールバスが必要になる。2005年12月現在，別海町では22台のスクールバスがあり，小さな民間バス会社よりも保有台数が多い。学校を統廃合しても，スクールバスを多数保有することになるのであれば効率化はあまり進まない。そして，行政効率化があまり進まないまま，住民サービスが低下することが懸念されるのである。

　第2は，財政力の脆弱な自治体同士が合併しても財政力の強化につながらないことである。財政力の低い過疎地域の町村同士の合併では行財政基盤は強化されないし（資料3-2），借金残高の多い市と町村の合併も行財政基盤の強化につながらない。全国のあらゆる市の様々な財政指標をデータベース

資料3-1　北海道内町村の面積一覧

(単位：km²)

No.	町村名	面積	No.	町村名	面積	No.	町村名	面積	No.	町村名	面積
1	桜法華村	24.92	39	月形町	151.05	77	倶知安町	261.24	115	厚真町	404.56
2	上砂川町	39.91	40	早来町	154.61	78	佐呂間町	262.41	116	佐呂間町	404.99
3	秩父別町	47.26	41	南茅部町	158.35	79	上田原町	269.36	117	呂間町	422.71
4	妹背牛町	48.49	42	北竜町	158.82	80	大滝村	274.03	118	白老町	425.62
5	戸井町	53.04	43	女満別町	159.24	81	音威子府村	275.64	119	浜中町	427.64
6	砂川市	56.85	44	上湧別町	161.39	82	菅原村	278.29	120	中頓別町	428.72
7	妣田原町	66.85	45	常呂町	162.54	83	初山別村	279.00	121	樺戸町	437.25
8	東神楽町	68.64	46	乙部町	163.50	84	赤井川村	280.11	122	浦河町	438.52
9	岩内町	70.64	47	端野町	166.43	85	沼田町	283.21	123	上士幌町	449.68
10	利尻富士町	76.49	48	鷲巣川町	167.93	86	えりも町	283.87	124	津別町	454.52
11	新篠津村	78.24	49	仁木町	168.36	87	小清水町	287.04	125	浦幌町	460.42
12	札幌市	81.33	50	長沼町	176.45	88	中札内村	292.69	126	岩内部町	465.99
13	栗沢町	84.49	51	妹別町	179.87	89	羽幌町	292.84	127	音更町	472.81
14	沼田町	82.28	52	東藻琴村	184.38	90	松前町	293.08	128	八雲町	495.62
15	追分町	82.52	53	福島町	187.23	91	共和町	304.96	129	新十津川町	509.10
16	比布町	87.29	54	古平町	188.38	92	丸瀬布町	308.12	130	枝幸町	510.13
17	奈井江町	88.05	55	豊北別町	189.51	93	長万部町	310.75	131	丸瀬布町	513.91
18	恵山町	94.27	56	調子府町	190.89	94	浜益村	311.15	132	当富町	520.67
19	美都町	95.34	57	雨竜町	190.91	95	森町	311.42	133	朝日町	522.01
20	北斗村	96.49	58	二セコ町	196.66	96	幕別町	340.46	134	戸村	527.54
21	浦白町	101.08	59	三笠市	197.13	97	白滝村	342.96	135	頓別町	536.52
22	利尻富士町	105.65	60	栗山町	203.84	98	遠別町	344.34	136	豊頃町	546.48
23	中富良野町	108.70	61	当麻町	204.95	99	日高町	345.47	137	上ノ国町	547.57
24	江差町	109.57	62	壮瞥町	205.04	100	三石町	346.22	138	留辺蘂町	563.95
25	鹿部町	110.55	63	遠軽町	209.87	101	石塩町	353.48	139	高砂町	564.69
26	河東町	113.69	64	七飯町	216.61	102	興部町	362.41	140	今金町	568.14
27	留寿都村	114.43	65	熊石町	220.31	103	様似町	364.29	141	古冠町	571.33
28	真狩村	119.92	66	風連町	220.61	104	瑠樽町	369.63	142	居町	572.00
29	鶴居村	125.62	67	木古内町	221.86	105	池田町	372.04	143	幌延町	574.52
30	剣淵町	131.20	68	古宇町	224.83	106	北檜山町	379.03	144	新冠町	585.88
31	剣仁町	131.86	69	京極町	231.61	107	本別町	391.87	145	猿払村	589.97
32	大成町	133.90	70	豊富町	233.54	108	羅臼町	397.84	146	遠別町	591.48
33	大野町	134.88	71	上富良野町	237.18	109	白町	398.55	147	中川町	595.02
34	忠類村	137.54	72	積丹町	238.17	110	中頓別町	399.55	148	広尾町	595.87
35	磯谷村	133.86	73	東別町	247.06	111	鹿追町	401.37	149	歌登町	606.51
36	余市町	139.44	74	愛別町	249.71	112	浜頓別町	401.56	150	中頓別町	608.81
37	利尻町	140.56	75	釧路町	252.57	113	漂別町	402.10	151	標津町	624.46
38	神恵内村	142.94	76	士幌町	259.14	114	清里町	402.74	152	小平町	627.28
									153	雄武町	637.01
									154	下川町	644.20
									155	南富良野町	665.53
									156	美深町	672.14
									157	美瑛町	677.16
									158	中標津町	684.98
									159	浦河町	694.23
									160	上士幌町	700.75
									161	士別町	715.88
									162	浦幌町	729.75
									163	岸町	734.81
									164	八雲町	735.60
									165	斜里町	736.97
									166	阿寒町	739.37
									167	平取町	743.16
									168	滝上町	766.89
									169	幌加内町	767.03
									170	白糠町	773.67
									171	幕別町	774.70
									172	弟子屈町	801.50
									173	大樹町	816.38
									174	上川町	1,049.24
									175	新得町	1,064.01
									176	新冠町	1,099.56
									177	別海町	1,320.19
									178	足寄町	1,408.10

〔出所〕北海道町村会資料。

第3章 ▶▶▶ 市町村合併問題と北海道の新しい自治のかたちの模索

■資料3-2 北海道の過疎地域市町村一覧

支庁	市町村数	過疎地域市町村						
		H2.4.1公示	H3.4.1公示	H4.4.1公示	H8.4.1公示	H9.4.1公示	H12.4.1公示	H14.4.1公示
石狩	10	新篠津村, 厚田村, 浜益村						
渡島	17	木古内町, 戸井町, 恵山町, 椴法華村, 南茅部町, 長万部町	松前町 福島町	知内町		砂原町		
桧山	10	上ノ国町, 厚沢部町, 熊石町, 大成町, 奥尻町, 瀬棚町, 北桧山町, 今金町	乙部町			江差町		
後志	20	島牧村, 寿都町, 黒松内町, 蘭越町, ニセコ町, 真狩村, 留寿都村, 喜茂別町, 京極町, 共和町, 泊村, 神恵内村, 積丹町, 古平町, 仁木町, 赤井川村			岩内町			
空知	27	夕張市, 美唄市, 芦別市, 赤平市, 三笠市, 歌志内市, 北村, 栗沢町, 南幌町, 奈井江町, 上砂川町, 由仁町, 長沼町, 栗山町, 月形町, 浦臼町, 新十津川町, 妹背牛町, 秩父別町, 雨竜町, 北竜町, 沼田町, 幌加内町			深川市		砂川市	
上川	24	士別市, 鷹栖町, 当麻町, 比布町, 愛別町, 上川町, 美瑛町, 中富良野町, 南富良野町, 占冠村, 和寒町, 剣淵町, 朝日町, 風連町, 下川町, 美深町, 音威子府村, 中川町			富良野市			名寄市
留萌	9	増毛町, 小平町, 苫前町, 羽幌町, 初山別村, 遠別町, 天塩町, 幌延町					留萌市	
宗谷	10	猿払村, 中頓別町, 歌登町, 豊富町, 礼文町, 利尻町, 利尻富士町	浜頓別町			枝幸町		稚内市
網走	26	東藻琴村, 女満別町, 津別町, 清里町, 小清水町, 端野町, 訓子府町, 置戸町, 留辺蘂町, 佐呂間町, 常呂町, 生田原町, 丸瀬布町, 白滝村, 上湧別町, 湧別町, 滝上町, 興部町, 西興部村, 雄武町						紋別市
胆振	15	豊浦町, 洞爺村, 大滝村, 壮瞥町, 追分町, 穂別町						虻田町 鵡川町
日高	9	日高町, 平取町, 新冠町, 三石町	様似町					えりも町
十勝	20	士幌町, 上士幌町, 鹿追町, 新得町, 更別村, 忠類村, 大樹町, 池田町, 豊頃町, 本別町, 足寄町, 陸別町, 浦幌町	清水町			広尾町		
釧路	10	標茶町, 阿寒町, 鶴居村, 白糠町, 音別町	厚岸町				浜中町	弟子屈町
根室	5						根室市	標津町
計	212	137（7市107町23村）	8（1市7町）					
		145（8市114町23村）		2（1市1町）				
		147（9市115町23村）			2（2町）			
		149（9市117町23村）				6（1市5町）		
		155（10市122町23村）					3（2市1町）	
		152（11市120町21村）						7（3市4町）
		159（14市124町21村）						

〔出所〕資料3-1に同じ。　　　　　　　　　　　　　　　（注）▉▉▉▉は特定市町村である。

化して比較研究されている明治大学の兼村高文教授の研究（『地方財務』2005年4月号）に依拠しながら，北海道と広島県，愛媛県とで，人口10万人未満の市の財政指標（公債費負担比率，経常収支比率）を比較してみると，全国の10万人未満の市の中で公債費負担比率が高いほうから4分の1に属する市の公債費負担比率の平均は18.4％であるが，北海道の市（24市）の62.5％に当たる15市がこの数値を上回っている。広島県の市（9市）でこの数値を上回るのは5市（55.5％），愛媛県の市（9市）では1市（11.1％）にすぎない。また，全国の10万人未満の市の中で，経常収支比率が高いほうから4分の1にはいる市の経常収支比率の平均は92.5％であるが，この数値を上回っている市は，北海道では9市（37.5％），広島県では2市（22.2％），愛媛県では0（0％）となっており，北海道の市の財政状況が良好ではないことがうかがえる。公債費負担比率について，北海道の産炭地の市（5市）を除いて検討した場合でも，19市中13市（68.4％）が18.4％という数値を上回っており，北海道の市財政の悪化は産炭地域の市の存在があるからということではない。合併の中軸となるはずの市の財政状況が芳しくなければ，行財政基盤の強化にはつながらないのである。

　第3は，合併で面積が大きくなると人口移動が生じる可能性がでてくることである。小規模自治体では，合併をすると本庁をおく中心自治体に多くの役場職員が移り，学校も統廃合で教職員がいなくなる。実際，「（そうなってしまえば）商売ができなくなる」と不安をもっている商工会の人は少なくない。もっとも，これは市町村面積の違いによって影響は異なる。合併してできた自治体の面積が100～300平方キロメートル程度であれば（本州に多い合併のパターン），人口移動は生じないだろう。しかし，北海道の場合は，隣の役場までの距離が30～50キロメートルあるところが多い。冬の地吹雪などの通勤難などもあり，若い役場職員中心に，合併が行われれば引っ越しをする人が多くなり，地域の商業や産業の衰退可能性が高まる。

　第4。言うまでもなく産業構造が異なる自治体の合併にはかなりの困難が伴う。例えば，サラリーマンが多い自治体と酪農業が盛んな自治体が合併す

れば，一般に酪農業に手厚い政策は打たれなくなるだろう。

　第5。市町村合併を行うと，合併自治体は財政上の優遇措置を得ることができる。その主なものは，合併特例債を発行できること（合併後10年間は市町村建設計画に基づく必要な事業経費の95％について，元利償還金の7割を地方交付税の基準財政需要額に算入する措置がとられる地方債＝合併特例債を充当できる）と，地方交付税の合算特例措置を合併後10年間受けることができることである（合併後10〜15年の間は段階的に縮小し，15年後に廃止）。2004年の後半や2005年にはいってから，法定合併協議会での議論があまりなされないまま駆け込み的に合併決定のケースが全国的にみられたのは，合併特例法の期限内に合併しなければ得られなくなる財政上の優遇措置を受けることが目指されたからである。

　ただし，総じて言うならば，北海道の市町村は，財政上の優遇措置の獲得の観点から急いで合併を選択することに慎重であった。そもそも合併特例債自体が借金であることに変わりはないし，合併特例債発行に伴う元利償還費の70％を地方交付税の基準財政需要額に算入するという措置が10年間は保証されているが，それ以降の保証が不鮮明である（合併特例債の発行は合併後10年の間できるが，借金を返し終えるのには合併後20数年かかる）。また，市町村合併が推進された直後には「合併特例債は市町村に最後の投資機会を与えるもの」と喧伝されてきたが，2003年度以降はその発行をできるだけ思いとどまらせようという国の動きがみられるようになってきた。さらに，地方交付税の合算特例措置についても，合併後10〜15年後にはそれが縮小・廃止され，合併をしない市町村よりも地方交付税が減少する可能性が高い。以上の理由などから，総じて北海道の市町村は，合併しない自治体はもちろん，合併を選択した自治体も，一部を除いて「パン食い競争のパン」に必死で食らいつくようには，合併特例債に食いつくような行動はとらなかった。例えば，合併を選択した北海道の石狩市は合併特例債の活用については慎重かつ抑制的な対応を行ったのである。

　第6。後に述べるように，筆者は2002年度，北海道にある社団法人北方圏

センターの広域行政の研究プロジェクトの座長を務め，全国数か所で合併の調査を行ったが，「ロマンなき合併」が多いという印象を受けた。つまり，合併をしても圏域全体の発展を見込める合併が少なく，財政の悪化を理由として「仕方なく合併するケース」が多かったのである。合併が成功するには，圏域全体が発展する見込みがある，日常的に住民や行政の交流が盛んで地域の一体性が強い，長い期間かけて協議してきたなどの諸条件が必要だろう。郡などの地域単位での一体感が歴史的に強い地域も結構ある本州等に比べて，市町村面積が広く地域単位の一体感が必ずしも高くない地域が多い北海道では，短い期間の中で，圏域全体の発展を展望するのはなかなか難しかったということができるのである。また，そういった事情があったから，北海道では本州等のように多数の自治体が集まった形での合併は少なく，隣接する2自治体の間での合併が多くなっていると思われるのである。北海道では合併で20の新自治体が生まれることになるが，このうちの7割に当たる14の新自治体は2つの自治体の間での合併（ただし，2つの新自治体＝日高町と伊達市は飛び地合併）なのである。

❷ どのような合併が成功するのか（1）

先述した筆者が行った全国数か所における市町村合併の調査では，合併しても圏域全体の発展を見込める合併が少なく，「財政が悪いために仕方なく合併するケースがほとんど」（2002年10月のヒアリング調査時の西日本のA県の市町村合併担当者の言葉）であった。

市町村合併が成功するのは，次のような場合であろう。つまり，①圏域全体が発展する見込みがある，②日常的に住民や行政の交流が盛んで地域の一体性が強い，③長い期間かけて協議してきた，などの諸条件が成功には欠かせないのである。

例えば，北海道では，もしも苫小牧市と千歳市が合併するということにな

れば，圏域全体の発展が見込めると筆者は考える。両市の間では，今までに合併の協議や研究などはまったく行われておらず，現在も苫小牧商工会議所の有志など経済界の一部が積極的に取り組んでいるにすぎない。この場合には，合併特例法や合併新法に左右されることなく，中長期的な展望を持った議論が不可欠である。苫小牧港と新千歳空港があって企業立地が進んでいる苫千地域が，札幌市という大消費都市に近接する生産・流通の拠点都市になることによって，日本の中の拠点都市にもなる。それは，圏域全体の発展にとどまらず，北海道経済の「元気さ」を全国に発信していくことにもなる。当該地域だけではなく，北海道全体，とりわけ北海道経済にとってプラスになることが期待できるのである。このような意味での合併には，長期的，戦略的に北海道庁，両市，経済界などが取り組む必要があると考えるのである。そして，合併してできた財政力・経済力の高い市と周辺町村との間で，可能な範囲で広域連合が形成されることが望ましいのである。

　また，合併の成功例としてしばしば紹介されるのが岩手県北上市である。1991年に北上市と和賀町，江釣子村の1市1町1村が合併して現在の北上市が成立したが，実は3自治体は，1980年代の初めから合併のための協議を続けて合併にこぎつけたのである。東北新幹線の駅ができるとともに，高速道路が開通するという条件にも恵まれる中で，いち早く工業団地を整備し，東芝エレクトロニクスなど多くの企業が北上市に進出し，人口は増加傾向にある。北上市は，人口で県庁所在地である盛岡市に次ぐ第2の都市として発展しているのである。なるほど，バブル景気の後押しはあったとはいうものの，今回の平成の大合併におけるような「有利な」合併特例債もなく，それに頼らない地道なまちづくりが好結果につながったと言えるのである。ただし，このような北上市においても，商店街の停滞に歯止めはかかっていない。

❸ どのような合併が成功するのか（2）

　さらに，全国の中で合併がうまくいっているケースは，合併前から住民の日常生活圏が一体的になっているところや，「まちづくり」の視点を持ちながら時間をかけて合併について議論してきたところである。

　広島県の呉市と8町（下蒲刈町，蒲刈町，豊町，豊浜町，音戸町，倉橋町，安浦町，川尻町，このうち安浦町と川尻町以外は島しょ部の自治体）が合併を達成している（新自治体の名称は呉市）。この地域の特徴的なことは，呉市と8つの町は法定合併協議会をつくったが，呉市と個々の町とで協議会をつくる1市1町の協議会方式をとり（1協議会のみ1市2町＝呉市，音戸町，倉橋町），最終的に1市8町の合併がめざされた点にあった。

　呉市と8町は2000年8月，合併に向けて調査・研究を行うために，呉地域合併問題協議会（呉市広域行政推進室内に事務局をおく，機関紙「海陽9都＝かいようないと」を発行，創刊号は2002年3月発行）をつくって話し合いを開始したが，各町の事情が異なることから，合併に向けて具体的な話し合いを始めることに合意した町と呉市との間で設置した任意の合併協議会で個別に話し合いを行うやり方をとったのである。任意協議会の設置時期も早い協議会と遅い協議会とでは8か月ほど違うし，法定協議会設置時期も，すでに2002年4月に成立したところから，2004年春に任意協議会から移行のところ（呉市，豊町）までばらつきがみられた。これは，議会や住民の動向などが各町によって違いがみられたことや，呉市との合併に対する島しょ部の町と内陸の町との取り組み姿勢の差，島しょ部の町の中でも，呉市との間に橋が架かっていて短時間で呉市に行くことができる町とそうでない町との間の取り組み姿勢の相違などがみられたことからである。そこで，合併期日もまちまちとなり，呉市と下蒲刈町の合併は2003年4月1日，呉市と川尻町は2004年4月1日，呉市と残りの6町との合併は2005年3月20日となったのである。

第3章 ▶▶▶ 市町村合併問題と北海道の新しい自治のかたちの模索

　このような独特な合併方式をとったとはいうものの，この地域の合併は比較的スムーズに進んだほうであろう。というのは，住民間の結びつきが歴史的に強かったからである。明治時代に軍港であった呉市には，島しょ部から多くの労働者が働きにきていた（当時は船で通っていたが，現在は呉市と音戸町・倉橋町は橋でつながり，下蒲刈町・蒲刈町も川尻町と橋で連絡されている。豊町と豊浜町については両町の間は架橋されているが，呉市や川尻町に行くには船しか交通機関はない）。また，面積が小さな町が多いこともこの地域の特徴で，20平方キロメートル未満の町が6つあり，中でも下蒲刈町の面積は8.71平方キロメートルにすぎない（資料3-3）。100平方キロメートル以上は呉市だけであり，この地域の自治体の面積が小さなことが判断できる。

　さらに，この地域では以前から広域的な取り組みが進んでおり，住民交流面や経済面だけではなく，行政面でも8町と呉市との関係が深かった点が注目されるべきである（資料3-4）。

　主なものとして，次のようなものがある。まず，呉地方行政懇話会である（1990年5月設立）。これは，呉市と15の町とで設立されたもので，呉市職員研修に町職員ならびに一部事務組合の職員を受け入れる。呉地域観光連絡協議会を設立して広域観光を推進する，呉市図書館と近隣図書館等との広域ネットワーク化や利用促進を図ることなどを行っている。次に，1994年9月には，呉市と12町とで呉地方拠点都市地域推進協議会が設立され，同協議会は地方拠点都市の地域指定を受けて圏域のハード・ソフトの振興策を推進している。

　さらに，注目すべきは，呉市が各町の様々な仕事を受託していることである。つまり，呉市は，広域消防事務，介護認定（2次判定）事務，水道水質検査業務を，各町から受託しているのである。広域消防事務については，呉市は川尻町，安浦町，豊浜町，豊町のそれぞれから委託を受け，それぞれの町から委託料を受けとる代わりに，呉市消防の分署（出張所）を4町につくっている。介護認定事務については，呉市は下蒲刈町，蒲刈町，黒瀬町，川尻町から委託され認定審査を行ってきたのである。水道水質検査業務につい

79

■資料3-3　呉市と近隣町の概況（面積・人口・財政状況等）
〔2002年10月作成〕

区分	面積(km²)	世帯(2002年3月末)	人口(2002年3月末)	高齢化率(%)[2001.3.31]	2000年度決算状況 歳入(億円)	歳出(億円)	議員(人)	特別職(人)	一般職員等(人)	公共施設の状況 大学等	高校	図書館	文化ホール等	美術館等
呉　　市	146.37	87,276	202,628	21.9%	872.2	849.5	34	4	1,815	4	9	3	2	1
音戸町	18.73	6,169	15,344	24.0%	50.7	49.4	16	2	166		1			
倉橋町	54.44	3,354	7,989	33.4%	41.8	41.0	14	3	107		1	1		1
下蒲刈町	8.71	877	2,259	31.8%	32.8	32.6	10	2	58					
蒲刈町	18.89	1,226	2,778	40.8%	44.5	41.8	10	2	51		1			
安浦町	63.53	4,862	13,120	22.6%	54.1	51.6	16	3	95			1	1	1
川尻町	16.85	3,809	10,425	21.2%	38.8	38.0	16	3	87			1	1	
豊浜町	11.65	1,067	2,205	48.7%	24.3	23.5	10	2	62					
豊町	14.08	1,372	3,043	48.5%	33.1	32.5	12	3	50					
(近隣8町合計)	206.88	22,736	57,163	27.9%	320.1	310.4	104	20	676					
[呉広域1市8町合計]	353.25	110,012	259,791	23.2%	1,192.3	1,159.9	138	24	2,491					
江田島町	30.12	5,272	11,697	27.6%	61.1	59.5	18	3	133		1			
能美町	16.58	2,598	6,385	29.7%	35.7	33.7	14	3	70					
沖美町	27.60	1,860	4,190	33.4%	31.7	29.8	11	3	60					
大柿町	26.58	4,005	9,368	30.0%	48.9	48.0	15	2	100					
(江能地域4町合計)	100.88	13,735	31,640	29.5%	177.4	171.0	58	10	363					
[呉拠点1市12町合計]	454.13	123,747	291,431	23.9%	1,369.7	1,330.9	196	34	2,854					
熊野町	33.51	9,524	26,190	15.8%	91.7	86.5	20	3	154		1			
坂　町	15.64	4,675	12,497	23.5%	46.7	44.2	16	2	120	1	1		1	
黒瀬町	63.84	8,734	24,702	14.4%	76.5	75.0	18	3	176	1	2	1	1	
(3町合計)	112.99	22,933	63,389	16.8%	214.9	205.7	54	8	450					
[呉行政懇1市15町合計]	567.12	146,680	354,820	22.6%	1,584.6	1,536.6	250	42	3,304					
広島県	8,476.00	1,131,382	2,872,198	―	―	―			―					

（各市町には、公民館や図書室等が整備されている。）

注1）2002年3月末の世帯・人口は住民基本台帳世帯数及び人口。
　2）高齢化率（65歳人口）：比率は国への報告数字。
　3）2000年度決算状況は「県市町村財政概況」による。
〔出所〕呉市資料。

第3章 ▶▶▶ 市町村合併問題と北海道の新しい自治のかたちの模索

■資料3-4　呉市の広域連携と取組状況

1990年5月	呉地方行政懇話会を設立（1市15町） 　(1)町及び一部事務組合職員の呉市職員研修への受入れ 　(2)呉地域観光連絡協議会を設立し，広域観光の推進 　(3)呉市図書館と近隣町図書館等との広域ネットワーク化や利用促進
1994年9月	呉地方拠点都市地域推進協議会を設立（1市12町） 　＊　地方拠点法の地域指定を受け，圏域のハード・ソフトの振興策を推進 　　（ホームヘルパーの養成研修（2級），ふれあい陸上競技大会，交流誌発行など）
(参　考)	その他の広域連携状況 　(1)広域消防事務受託（川尻町，安浦町，豊浜町，豊町） 　(2)介護認定〔2次認定〕事務受託（下蒲刈町，蒲刈町，黒瀬町，川尻町） 　(3)ごみ焼却場の共同建設 　　（江田島町，下蒲刈町，蒲刈町，能美町，沖美町，大柿町，安浦町，川尻町） 　(4)公営交通の運行 　　（熊野町，江田島町，音戸町，倉橋町，大柿町，黒瀬町，川尻町） 　(5)人事交流等の実施 　　（音戸町，蒲刈町，黒瀬町，豊浜町，下蒲刈町，蒲刈町，倉橋町，安浦町） 　(6)水道水質検査業務受託（音戸町，倉橋町）

〔出所〕資料3-3に同じ。

ては，音戸町，倉橋町のそれぞれから委託され，検査業務を行っている。

　消防については，全国的には一部事務組合による運営が多く，広島県においても多いのであるが（広島県内には消防事務を行う一部事務組合の数が10，構成市町村数は61存在する），この地域では，呉市が各町と受委託の関係を取り結んでいる点が注目される。介護認定事務についても，全国的には要介護認定審査会を数自治体が共同設置しているところが多いが，呉市が個々の町と受委託関係を結んでいる点がユニークである。そして，受委託関係を呉市と取り結ぶ自治体が，各事務によって異なる点も特徴的である。例えば，豊町，豊浜町は広域消防は呉市に委託しているが，要介護認定審査会は2町

で大崎下島介護認定審査会を設置しているのである。

ともあれ，それだけ，呉市近隣の町が呉市を頼りにしている点は間違いないし，呉市との結びつきが合併の議論が出る以前から強かったということができるのである。さらに，この点は市営交通事業にもあてはまる。呉市交通局は，市営バスを呉市内だけではなく，熊野町，江田島町，音戸町，倉橋町，大柿町，黒瀬町，川尻町に運行しているのである。また，呉市は，音戸町，蒲刈町，黒瀬町など8町と人事交流を実施している。このように，行政の間でも，住民の間においても日常的な結びつきが強い。このような蓄積のもとで，時間をかけた協議が行われ，最終的に合併に至ったのである。

❹ 市町村合併による行政改革の停滞と合併特例債の陥穽

(1) 多い「駆け込み合併」と目立った法定合併協議会での議論不足

以上，合併の成功例や合併がある程度スムーズにいきそうなケース，合併が行われれば，生産流通の拠点都市ができると思われるケースについてみてきた。しかし，先に述べたように，むしろ，このようなケースは希有なのであり，実際には，主に財政事情の悪化による「仕方なくする」合併が少なくないのである。

特に，自治体の将来のまちづくりをほとんど議論することができず，そのために住民に新自治体の将来ビジョンを示せない，いわゆる「駆け込み合併」は問題である。「駆け込み合併」の数は多い。では，なぜ多いのだろうか。

合併による財政優遇措置の適用について，総務省は，2005年3月末の合併特例法の期限までに市町村が合併することを議会で可決し都道府県知事に合併の申請をすれば，2006年3月末までに実際に合併したケースに限り，合併特例債や地方交付税の合算特例（算定替）などの優遇措置を受けられる合併特例法をそのまま適用できるとした。このような財政優遇措置の実質1年延長によって，市町村合併数が当初の見込みよりも多くなることになったが，

第3章 ▶▶▶ 市町村合併問題と北海道の新しい自治のかたちの模索

財政優遇措置の受けられる間に急いで合併する、いわゆる「駆け込み合併」を多く招来することになったのである。任意合併協議会などでの議論がほとんどないまま、合併特例法期限切れ直前の2003年度や2004年度に設立された法定合併協議会が少なくなかったのである。また、法定合併協議会を早い時期から立ち上げてはいたものの、自治体間のまちづくりに関する意見が一致せず、したがって課題を先送りして「合併してから課題については決めていきましょう」というやり方で市町村合併が実現した地域も少なくなかった。このようなやり方での市町村合併も、「駆け込み合併」と同様に、新自治体の将来像について十分議論する時間が保証されているとは言い難いし、実際、水道料金や国民健康保険料などを決めることはどの法定合併協議会においても行われたが、例えば、保育所や学校の統廃合や、1自治体1社会福祉協議会の原則がある社会福祉協議会のありかた、市町村によって大きな差異がある教育予算や学校配当予算などについて議論がなされた法定合併協議会は少なかったのである。

では、十分な議論を経ずに急いで合併することになれば、どのような問題が起きるのだろうか。おそらく、行政改革の機運がしばらくの間（3～5年間）鈍ることになるだろう。そして、そのことは将来のラディカルな行政改革につながることになるだろう。果たして、それでよいのだろうか。必要なのは地道で堅実な行政改革とまちづくりのはずである。

合併までわずかな期間しか残されていない中での合併となると、個々の自治体の施設やサービス水準などは、基本的に維持した合併にならざるを得ない。筆者は、2002年10月と2005年11月の2回にわたって岩手県大船渡市と三陸町の合併について調査した。大船渡市と三陸町は2001年5月に合併協議を始めてから6か月後の11月15日に合併した（新自治体名は大船渡市で人口は2003年10月1日現在で約44,000人。旧大船渡市と旧三陸町の人口比率はほぼ8対2である）。人口約8,000人の旧三陸町には合併する前に町立保育所が5つ、町立幼稚園が3つ、町営診療所が4つ存在したが、合併後もすべて存続することになった。他方、旧大船渡市には、市立病院、市立保育所、市立幼稚園

はまったくない。さらに，旧三陸町には小学校が5校，中学校が3校存在したが（旧大船渡市には小学校が9校，中学校が5校ある），いずれも存続になった。そして，合併後4年が経過した現在もこの状態は続いている。このような状況になるのは，合併の協議の中で小学校などの統廃合が前提となると，短期間の間に合併することが難しくなるからである。また，合併してからも，合併協定などをふまえて，診療所や保育所，小・中学校の存続を強く要望する旧三陸町への配慮を必要としているからである。

　さらに全国の市町村合併の状況をみたとき，合併してできた新しい自治体の中心となる旧自治体の役場庁舎を本庁舎にし，それ以外の旧自治体の役場庁舎を分庁舎として使用するケースが多い。つまり，新しい自治体の中心となる旧自治体に本庁舎，それ以外の旧自治体に教育委員会，保健福祉事務所，水道局などをおき，コミュニティバスが各旧役場を平日巡回するケースが少なくないのである。このような措置がとられる理由には，中心となる旧自治体の役場庁舎の収容能力に限界がある，財政状況を考えて庁舎を新しくつくることを抑制せざるを得ない，旧役場庁舎を分庁舎として活用することによって本庁舎がなくなることに不安を抱く旧自治体と住民に配慮するといった理由が考えられるが，とりわけ駆け込み合併や課題先送りの合併をしたところほど，本庁舎がなくなる旧自治体への配慮の面が強く出た。そうしなければ，短期間で合併がスムーズに進まないからである。しかし，これでは合併の錦の御旗である効率性は低くならざるを得ないのである。

　以上のようなケースに限らず，旧市町村のサービスや施設は尊重し，使用料・手数料は低い自治体に合わせ，職員の給与は高い自治体に合わせるケースが少なくなかった。また，市町村合併の仕方にもよるが，市町村議会議員は合併後も在任特例があり議員として残る。さらに，合併特例債による新市町村建設事業があり，建設土木事業の規模が拡大する可能性が高い合併が多かった。これでは，行政改革の機運はなかなか生まれてこないのである。しかし，そうしなければ，合併はなかなかスムーズには進まなかったのである。

　市町村合併は「究極の行政改革」とよく言われているが，以上のことから，

合併してしばらくの間は行政改革の動きは鈍くなってしまう。議論があまりなされないまま急いで合併するのは，右手に美味しいケーキを持ちながら「ダイエットしなければ」とつぶやいているようなものである。現在の行財政の現状を考えれば当然行わなければならないはずの行政改革がとどこおってしまうことになるのである。むしろ，福島県矢祭町を筆頭に，「自立」を選択した自治体のほうが行政改革に熱心にとりくんでいる事例が多いのである。

(2) 合併特例債と地方交付税の合算特例

　先にみたように，市町村合併の優遇措置として合併特例債がある。合併特例債は，起債充当率95％，元利償還金の70％が地方交付税の基準財政需要額に算入される地方債であり，2005年3月までに都道府県知事に合併申請した新自治体のみが，その合併建設計画に盛り込んだ事業について活用できる。合併した自治体は，合併特例債を合併後10年間発行でき，返済については最初の3年間は利子のみの償還で，4年目から元金償還が開始される。そして，発行から20年かけて元利償還が行われる（元金償還の期間は17年）（資料3-5）。しかし，あくまで元利償還分を基準財政需要額に算入するのであって，その分が地方交付税として生のまま交付されるわけではない。また，地方財政計画が縮小されたり，基準財政収入額が増えるなどすれば，自治体が受け取る地方交付税額は減少するのである。

　合併特例債は巨額である。例えば，「北海道市町村合併推進要綱」において合併パターンの1つになった中空知の5市5町（滝川市，砂川市，歌志内市，赤平市，芦別市，上砂川町，奈井江町，雨竜町，新十津川町，浦臼町，合併後の人口は約10万人，ただし，紆余曲折があったが最終的に5市5町すべてが「自立」となった）が合併した場合には，合併特例債の発行可能額（限度額）は約650億円であった。このように合併特例債はかなり巨額であるため，もしも市町村合併を行った場合，限度額いっぱいの発行は将来の新自治体の財政状況を考慮すれば，慎重に検討されなければならない。また，先に述べたように，平成の市町村合併がスタートした頃には，「合併特例債は市町村に

資料3-5　6町村が合併したときの合併特例償還予想

条件：2005年度借入額81.5億円（事業分43.5億円＋基金分38億円）、2006～2014年度は毎年度借入額43.5億円、総借入額（10年間）473.7億円で試算。借入条件は、据置期間3年の20年元利均等半年賦償還で、固定利を選択、利率1.0%、縁故資金を想定。

起債年度	2005	2006	2007	2008	2009	2010	2011	2012	2013	2014	償還総額	交付税算入額	新市負担額
償還年度													
2006	74,753,876										74,753,876	52,327,713	22,426,163
2007	81,570,000	39,929,219									121,499,219	85,049,453	36,449,766
2008	81,570,000	43,570,000	39,929,219								165,069,219	115,548,453	49,520,766
2009	522,959,234	43,570,000	43,570,000	39,929,219							650,028,453	455,019,917	195,008,536
2010	522,959,234	279,334,730	43,570,000	43,570,000	39,929,219						929,363,183	650,554,228	278,808,955
2011	522,959,234	279,334,730	279,334,730	43,570,000	43,570,000	39,929,219					1,208,697,913	846,088,539	362,609,374
2012	522,959,234	279,334,730	279,334,730	279,334,730	43,570,000	43,570,000	39,929,219				1,488,032,643	1,041,622,850	446,409,793
2013	522,959,234	279,334,730	279,334,730	279,334,730	279,334,730	43,570,000	43,570,000	39,929,219			1,767,367,373	1,237,157,161	530,210,212
2014	522,959,234	279,334,730	279,334,730	279,334,730	279,334,730	279,334,730	43,570,000	43,570,000	39,929,219		2,046,702,103	1,432,691,472	614,010,631
2015	522,959,234	279,334,730	279,334,730	279,334,730	279,334,730	279,334,730	279,334,730	43,570,000	43,570,000	39,929,219	2,326,036,833	1,628,225,783	697,811,050
2016	522,959,234	279,334,730	279,334,730	279,334,730	279,334,730	279,334,730	279,334,730	279,334,730	43,570,000	43,570,000	2,565,442,344	1,795,809,640	769,632,704
2017	522,959,234	279,334,730	279,334,730	279,334,730	279,334,730	279,334,730	279,334,730	279,334,730	279,334,730	43,570,000	2,801,207,074	1,960,844,951	840,362,123
2018	522,959,234	279,334,730	279,334,730	279,334,730	279,334,730	279,334,730	279,334,730	279,334,730	279,334,730	279,334,730	3,036,971,804	2,125,880,262	911,091,542
2019	522,959,234	279,334,730	279,334,730	279,334,730	279,334,730	279,334,730	279,334,730	279,334,730	279,334,730	279,334,730	3,036,971,804	2,125,880,262	911,091,542
2020	522,959,234	279,334,730	279,334,730	279,334,730	279,334,730	279,334,730	279,334,730	279,334,730	279,334,730	279,334,730	3,036,971,804	2,125,880,262	911,091,542
2021	522,959,234	279,334,730	279,334,730	279,334,730	279,334,730	279,334,730	279,334,730	279,334,730	279,334,730	279,334,730	3,036,971,804	2,125,880,262	911,091,542
2022	522,959,234	279,334,730	279,334,730	279,334,730	279,334,730	279,334,730	279,334,730	279,334,730	279,334,730	279,334,730	3,036,971,804	2,125,880,262	911,091,542
2023	522,959,234	279,334,730	279,334,730	279,334,730	279,334,730	279,334,730	279,334,730	279,334,730	279,334,730	279,334,730	3,036,971,804	2,125,880,262	911,091,542
2024	522,959,234	279,334,730	279,334,730	279,334,730	279,334,730	279,334,730	279,334,730	279,334,730	279,334,730	279,334,730	3,036,971,804	2,125,880,262	911,091,542
2025	522,959,234	279,334,730	279,334,730	279,334,730	279,334,730	279,334,730	279,334,730	279,334,730	279,334,730	279,334,730	3,036,971,804	2,125,880,262	911,091,542
2026		279,334,730	279,334,730	279,334,730	279,334,730	279,334,730	279,334,730	279,334,730	279,334,730	279,334,730	2,514,012,570	1,759,808,799	754,203,771
2027			279,334,730	279,334,730	279,334,730	279,334,730	279,334,730	279,334,730	279,334,730	279,334,730	2,234,677,840	1,564,274,488	670,403,352
2028				279,334,730	279,334,730	279,334,730	279,334,730	279,334,730	279,334,730	279,334,730	1,955,343,110	1,368,740,177	586,602,933
2029					279,334,730	279,334,730	279,334,730	279,334,730	279,334,730	279,334,730	1,676,008,380	1,173,205,866	502,802,514
2030						279,334,730	279,334,730	279,334,730	279,334,730	279,334,730	1,396,673,650	977,671,555	419,002,095
2031							279,334,730	279,334,730	279,334,730	279,334,730	1,117,338,920	782,137,244	335,201,676
2032								279,334,730	279,334,730	279,334,730	838,004,190	586,602,933	251,401,257
2033									279,334,730	279,334,730	558,669,460	391,068,622	167,600,838
2034										279,334,730	279,334,730	195,534,311	83,800,419
2035													
計	9,128,200,854	4,875,759,629	4,875,759,629	4,875,759,629	4,875,759,629	4,875,759,629	4,875,759,629	4,875,759,629	4,875,759,629	4,875,759,629	53,010,037,515	37,107,026,260	15,903,011,255

内訳　元金 47,370,000,000　33,159,000,000　14,211,000,000
　　　利子 5,640,037,515　3,948,026,260　1,692,011,255

注）6町村合併後の面積は約210平方キロメートル、人口数は約88,000人。

〔出所〕埼玉県A町資料。

第3章 ▶▶▶ 市町村合併問題と北海道の新しい自治のかたちの模索

最後の投資機会を提供する財源」と喧伝されてきたが，2003年度以降は，その発行をできるだけ抑制しようという国の姿勢がみられるようになってきた。

また，地方交付税の算定替も合併の財政優遇措置に数えられている。これは，合併した新自治体の地方交付税額の計算においては，合併後10年間は合併した新自治体で算定された地方交付税額（1本算定）ではなく，旧市町村ごとに算定された地方交付税の合算額が交付されるものである。合併によって成立した新大船渡市の場合，2002年度には算定替と1本算定の差額は6億1688万円であった（資料3-6）。いくつかの町村が集まって合併して市になり，福祉事務所をもつことになった場合などを除けば，一般に算定替のほうが基準財政需要額が多くなって地方交付税交付額が大きくなる。そこで算定替は合併市町村にとって有利に働くのである。

ただし，このような算定替は，11年目から段階的に圧縮され，15年で終了する。そして，16年目からは1本算定になるが，その際には，ほとんどの合併自治体で地方交付税は激減することになるだろう。近年，筆者は合併問題の調査や講演などで市町村に行く機会が多かったが，地方交付税の算定替については，「旧市町村の合併直前の地方交付税の合計額が10年間合併自治体に保障される」といった解釈が，一部の地域で行われていた。当然のことではあるが，地方交付税の単位費用や補正係数は毎年変化するのだから，このような解釈は地方交付税の仕組みが根本的に理解できていず大きな間違いである。にもかかわらず住民だけではなく，住民に説明しなければならない市役所や町村役場の職員においてすら，このような解釈が行われていたことには驚きを禁じえなかったのである。

地方交付税の算定替については，次のように理解すべきである。つまり，民間企業が合併すれば，合併直後からリストラが始まる。しかし，市町村職員は地方公務員法で守られており，簡単にはリストラができない（クビにすることができない）。したがって，市町村合併が行われてもすぐには職員数を大幅に削減できない。そこで，10年の間に職員の削減などの行政改革を行え，というのが地方交付税の算定替の趣旨なのである。そこで，合併算定替が終

■資料3-6　岩手県大船渡市における普通交付税・合併算定替の状況
(単位：千円)

	2000年度			2002年度			2004年度		
	旧大船渡市	旧三陸町	小　計	新大船渡市			新大船渡市		
				算定替	一本算定	差　額	算定替	一本算定	差　額
基準財政需要額　A	6,744,420	3,020,739	9,765,159	9,328,937	8,712,052	616,885	9,440,311	8,816,755	623,556
基準財政収入額　B	3,258,062	469,357	3,727,419	3,646,002	2,646,003	△1	3,575,162	3,575,163	△1
交付基準額 A-B	3,486,358	2,551,382	6,037,740	5,682,935	5,066,049	616,886	5,865,149	5,241,592	623,557
交付額決定額	3,485,881	2,551,382	6,037,263	5,677,195	—		5,084,107		

【参考】

臨時財政対策債 （発行可能額）	—			577,751			780,900		

〔出所〕大船渡市資料

了した時には，合併しない自治体よりも合併した自治体のほうが，地方交付税の額が減少することが予想されるのである。合併した自治体は，合併算定替で地方交付税が増えるのではなく，合併算定替は10年後の地方交付税激減を暗示するものと考えてまちづくりを行っていくことが必要なのである。

(3) ラディカルな行政改革へのシフト

　合併特例債の元金償還は4年目から始まる。そして，合併後3～5年くらいの頃から自治体は財政状況の厳しさを以前にもまして感ずることになる。議員も新しい自治体の議員になる。旧小規模自治体から議員はわずかしか出てこられないだろう。また，その頃には，そろそろ地方交付税の算定替終了についても意識しなければならない。そこで，ラディカルな行政改革が合併後3～5年して始まることになるだろう。旧小規模自治体への様々な配慮が消失し始めるだろうし，受益者負担が強まるだろう。学校の統廃合なども進むであろうし，自治体職員の削減も進むだろう。公立病院の廃止も検討されることだろう。急激なダイエットが住民生活を直撃することになるのである。算定替期間終了後に合併特例債の償還ピークがくることも十分ありえる。また，それだけによけい厳しいダイエットが必要になるのである。

❺ 財政制約の中で市町村はどう将来を描くのか

　では，合併しなかった自治体の財政はどうなるのだろうか。まず，今後10年間の地方交付税の減額は覚悟しなければならないだろう。ただし，現行の地方交付税は経常経費については単純に減額できる仕組みにはなっていない点にも注意が必要である。そこで，現在あるいは将来の地方財政状況を考えると，財政的制約，財政規模の縮小をある程度前提にして自治体の将来像を描くことが必要になる。そして，その中で，財政再建と住民サービスを落とさないという二兎を追う努力が必要になるのである。「二兎を追うもの一兎も得ず」とも言われているが，自治体は二兎を追う努力をしなければならない。

　自治体では，職員の仕事の見直し，職員の意識改革，自治体内の横の連携・横断化が必要だ。以前東京都の1つの区でバリアフリーのまちづくりの調査をした時，区の土木部長は障害者福祉を熱心に勉強していた。その区では歩道と車道の段差を解消する事業に取り組んでいたが，段差がなくなれば車椅子の人にはよくても，視覚障害の人にはかえって危険になる。土木部長は様々な障害者の団体と常に協議し，区の福祉部と連携して歩道を整備していた。こうした横の連携は，自治体のあらゆる分野で，現在求められているのである。規模の大きい市役所はもちろんのこと，小さな町村役場においても，土木は都道府県の建設部，国土交通省，福祉は都道府県の保健福祉部，厚生労働省という縦のラインで動いている。それを，自治体の中では，できるだけ横の連携で仕事をする仕組みにすれば，効率的，効果的になるのではないか。財政状況を考えれば，多くの自治体で職員を減らさざるを得ない。そこで，サービスの質を落とさないためには，横の連携で仕事をすることが重要になる。

　さらに，歳出の見直し，事業のスクラップ・アンド・ビルドは必須である。何が本当に必要な事業なのかが，時代のニーズを踏まえながら真剣に検討されなければならない。例えば，高齢者に一律に支給する敬老年金を廃止する

自治体が増えてきている。昭和40年代に制度を始めた自治体が多いが，当時は自治体単独事業として敬老年金事業は進歩的な意味を持っていた。しかし，現在はそうではない。当時は高齢者比率は低く，平均寿命も現在よりは低かった。だが，現在では，平均寿命が延びるとともに少子・高齢社会が進行している。敬老年金事業を進めれば財政支出が増えるばかりである。しかも，高齢者間の所得格差は大きく，敬老年金や祝い金が孫の小遣いになっているケースも多くみられる。こうなっては本来的な福祉とは言えないのであって，財源を他の高齢者福祉の充実に使うために事業の見直しが必要になる。

　その際に，見直しの1つの試みとして，敬老年金事業を廃止する代わりに，新しいニーズがある高齢者福祉施策にその財源の一部を転換させることが考えられてよい。例えば，介護保険の給付サービスの利用料の1割負担が重荷になっている低所得の高齢者を対象に，利用料負担を数パーセント軽減する施策が考えられる。多くの自治体においては，高齢者全体に占める要介護者と要支援者の割合は1割から1割5分の間くらいである。その中での低所得者対策であるから財政支出はさほどかからない。敬老年金事業を廃止する一方で，このような介護保険の給付サービスの利用料の負担軽減策を行えば，財政再建にもつながる。しかも，「本当に困っている」高齢者への支援にもなる。さらに，このような施策によって低所得の高齢者が在宅サービスの利用を増やせば，施設介護から在宅介護に転換するケースもでてくるだろう。そうなれば，自治体の介護保険財政の好転にもつながるのである。

　また，自治体が，町内会，老人クラブ，住民ボランティア，ＮＰＯなどの公益活動団体と，いかに「協働」することができるのかも，今後重要である。自治体は様々な市民の団体と対等に向き合いながら，それを活かしていくことが求められる。また，2003年9月の地方自治法の改正で新しくできた「指定管理者制度」の導入の検討も重要である。さらに，「協働」をすすめていくためにも，自治基本条例や行政基本条例の制定に向けた努力が必要になるだろう。今後，自治体の財政状況を考えれば，自治体職員の増加は簡単には望めなくなるだろうし，むしろ削減基調で進まざるを得ないだろう。また，現

在，行政だけでは対応できない多様な社会ニーズが出てきている。公益活動団体と行政が連携して施策を展開することにより，団体の持つ「先駆性」や「専門性」「地域密着性」によって，一層きめ細やかな公共サービスの提供が期待できるし，それは財政再建にも結びつく可能性も生まれるのである。自治体職員が減れば住民サービスが落ちるというのは，固定観念にすぎないのである。新しい行政スタンスが求められているし，新しい役場機構や職員の意識改革が求められているのである。

⑥ 市町村の広域連携と広域連合の勧め

　市町村合併に代わるものとして，自治体間の広域連携や広域連合制度の活用が検討されてよいと考える。1つの仕事をいくつかの自治体が集まって行うことによって，単独自治体で行うよりも職員数を減らすことができ，行財政の効率化に寄与できる。また，これまでのような自治体間で「ハコモノ建設」を競い合うのではなく，いくつかの自治体で共同して1つの施設を使うことによって，財政メリットを生み出すことができる。さらに，なかなか得がたい専門職（例えばOT，PTなど）を広域で採用して，保健福祉行政の質を高めることができる。これからのまちづくりは，広域での取り組みを強化する方向で進める必要がある。

　もちろん，これまでも一部事務組合がつくられて広域行政が行われてきた。ただし，この場合，上水道や下水道，廃棄物処理などがほとんどであったし，その仕組みや意思決定のシステムは住民からはよく見えなかった。一部事務組合のかかえるこのような課題を克服し，住民自治を拡充する方向でできたものが広域連合制度である。現段階では，全国的に広域連合制度は少ないが，住民に身近な福祉・医療，教育，まちづくりなどの広域連合制度ができ始めている。島根県では，隠岐地域の7町村（その後4町村が合併して現在は4町村）と島根県で構成される病院事業と介護の広域連合が機能しているし，

北海道では，奈井江町を中心に1市5町で構成される空知中部広域連合や，美瑛町，東川町，東神楽町で構成される大雪広域連合が，介護と国民健康保険事業の広域連合として，課題はもちつつもほぼ順調に機能している（詳しくは横山純一『高齢者福祉と地方自治体』第4章，2003年4月，同文舘出版，参照）。また，長野県では，まちづくりや教育など多様な事業を包摂した広域連合が各圏域単位で形成されている。

とりわけ，今後検討が求められる広域連合には，病院事業の広域連合と教育の広域連合があるだろう。病院事業の広域連合については，本書の第4章で論ずるため，教育の広域連合制度について言及しておこう。

現在，地方財政が厳しい状況におかれる中，教育予算や学校配当予算が減額傾向にあり，保護者負担も増えている。また，自治体では自治体職員について退職者不補充や，新規採用者数を退職者数よりも少なくすることなどが行われている。このような状況の中で，幾つかの自治体（各自治体には小学校や中学校が1校もしくは複数校存在する）が集まって教育委員会の広域連合制度をつくり，人件費の削減や事務の効率化を図ることが必要だし，そのことにより，教育予算や学校配当予算の維持を図ることが求められているのではないだろうか。教育委員会を広域連合で運営するのだから，教育長は1人でよいし，教育委員会の事務に携わる職員も減らすことができる。

ただし，学校関係者からは，現在でも教育委員会から学校現場の意向とは無関係に一方的に降りてくる事務も少なくないので，広域連合で教育委員会が運営されたら，その傾向は一層助長されるのではないかとの指摘もある。しかし，広域連合を形成することによって，かえって各市町村の合意形成などが必要になるのだから，これまでよりも学校現場との関係は悪化することはないだろうと思われる。また，学校現場からは「ただでさえ忙しいのに，地元に教育委員会がなくなれば，教育委員会に出向くのにも時間がかかる」「効率化で教育委員会の職員が減らされれば，学校事務にも影響が出る」という意見もあるが，市町村合併が行われれば，ただちにそのような事は起こってくる。特に分庁舎方式をとれば，中心となる旧自治体には教育委員会はお

かれないことになるだろうから，なおさら不便をもたらすだろう。また，個別自治体において職員数の削減が進んでいるのだから，今後広域連合を形成しない場合でも，教育委員会職員の数は減少する可能性が高い。むしろ，広域連合をつくることによって，削減されて少なくなった自治体職員の効率的な配置を行うことにより，その分で浮いた財源を活用して，教育予算や学校配当予算の維持を図る戦略を，学校現場は考えたほうがよいのである。

　さらに，人口が大変少ない一部の自治体では，児童数が少なく，現在自治体に１校しかない小・中学校の維持さえも今後容易でなくなるケースもみられるだろう（長野県南部で2005年10月に行った筆者のヒアリング調査）。この場合には，２つないし３つの小規模町村が集まって小・中学校を１つ持つという広域連合も考えることができるのである。

　広域連合制度のメリットは，介護の広域連合において，構成市町村の独自施策を尊重しているように（例えば，隠岐広域連合では介護保険の給付サービスの利用料負担の軽減策を行っている自治体と行っていない自治体とがあり，利用料負担軽減策を行っていない自治体の中でも，低所得者に限定している自治体と，すべての利用者を対象としている自治体とに分かれている），構成市町村個々の特色ある教育施策は尊重される点である。修学旅行費に補助を出す，学校配当予算の消耗品費を他の構成市町村よりも多くするなどの施策を行うことができるのである。

　もちろん，課題もある。広域連合制度をつくるのだから，サービスの平準化に努めなければならない。したがって，構成市町村の協議の中で，どの部分について市町村の独自施策を認めるのかの範囲設定も必要になるだろう。また，社会教育については，一層市町村の独自施策が重要になるし，地域の特色を生かした社会教育の要望が自治体の間で強い。広域連合制度の中に社会教育を組み込んでも独自施策は可能ではあろうが，教育の広域連合を考える場合，社会教育だけは広域連合に組み入れないという選択もありえるかもしれない。また，教育委員の選任と構成市町村間の人数配分をどのようにするのかも課題の１つである。

広域連合制度については，意思決定の遅さなど，そのマイナス面が指摘されているが，筆者は広域連合制度の問題点を十分認識したうえで，また，今後改善可能性がある（例えば，意思決定の遅さの克服など）ということにおいても，広域連合制度は，様々な課題を持つ市町村合併に比べればベターであると考えている。また，市町村合併を行った自治体にとっても，市町村合併で自己完結するのではなく，広域連合制度を今後追求する必要があると考える。地方財政が今後右肩上がりで推移することは難しい。そのような中で，広域連合制度や市町村の広域連携は，まちづくりの有力な選択肢の1つなのである。

　2005年夏以降，合併ではなく「自立」の道を選択した道内の自治体の間では，このような広域連携や広域連合制度を構築しようという試みが徐々に増えてきた。もちろん広域連合制度構築には課題も少なくない。何よりもこの10年間，広域連合制度はあまり進展しなかったのである。これには総務省が1990年代末に大きく市町村合併推進に舵をとったことによって広域連合制度が軽んぜられてきたことも影響しているが，そのことだけではない。市町村間の個別政策上の違いや利害対立などが広域連合制度実現をはばんでいたといってよいのである。広域連合制度には「理想的なかたち」はない。まずは，特定目的の広域連合制度や自治体間の広域連携を1つ1つできるところから積み重ねることが重要である。市町村合併については期限があるが，広域連合制度や自治体間の広域連携を行う際の期限はない。この点は，広域連合制度や自治体間の広域連携の大きなメリットであるだろう。合併特例法の期限を迎えた中で，今後，広域連合制度構築の試みや自治体間の広域連携の試みがいっそう増えていくことだろうし，また増えていかなければならないと言えよう。

7 市町村の未来

　現在，税源配分の三位一体改革が進んでいるが，何とも先行きは不透明である。また，2004年秋には，財務省が大幅な地方交付税削減案を出して地方自治体関係者を驚かせた（すぐに撤回，2005年度，2006年度は2004年度とほぼ同額の地方交付税額が保証されることになった）。市町村合併を選択しなかった市町村でも，今後の財政運営に不安を抱く声は多い。しかし，今は，合併を選択しなかった自治体は「考えることができるすべてのこと」を行うしかない。筆者がすでに述べてきたことの他に，職員数の削減，首長報酬や職員給与の見直し，各種手当の見直しなどの行政改革を徹底するとともに，住民に対しても適正な受益者負担を求めることが必要である。

　なお，2007年度以降の地方交付税の動向は未確定であるが，筆者は次のように考えている。

(1) 合併を選択しなかった自治体のほとんどは，今後10年間で地方交付税が2～3割削減されるものとしてシミュレーションを行ってきている。したがって，地方交付税が減少することは折り込み済みなのだから，行政改革等を迅速かつ計画的に行っていくことが求められる。

(2) 税源配分の三位一体改革がスタートした2003年夏と現在の決定的な財政環境の違いに注目すべきである。一言で言えば，現在は増税環境が整ってきつつある。一定程度景気がよくなってきており，法人税の増収がみられるし，プライマリーバランスの赤字も縮小してきている。そのような中で，所得税の定率減税の廃止が決定され（2006年1月から半分に圧縮され，最終的に2年間で全廃），これに伴う増収効果として3兆3,000億円が見込まれている。さらに，これを皮切りに，消費税の増税が行われる可能性が強まっている。このような増税路線の本格化が，自治体財政にどのような影響を及ぼすかが注目される。地方交付税収入の減少に一定の歯止めがかけられるのかが焦点である。

(3) 景気の回復は，不交付団体（地方交付税をもらわない自治体）の増加になって現れる。1995年度と2002年度の不交付団体（市町村）の数を比較してみると，1995年度の不交付団体数は184（全市町村数の6％）で不交付団体に住む人口数は3,529万人（総人口の28％）であったのに対し，2002年度には不交付団体は128（全市町村数の4％）で不交付団体に住む人口数は1,896万人（総人口数の15％）に減少している。1995年度に不交付団体であった千葉市，川崎市，名古屋市（以上政令指定都市）や，宇都宮市，浜松市，高松市，姫路市，堺市等（以上中核市），八王子市，四日市市，所沢市，茅ヶ崎市等（以上特例市）が，2002年度には交付団体に転換している。近年，地方交付税の配分は明らかに都市にシフトしてきたのである。景気が回復基調で進めば不交付団体数は増加する。そうなれば，都市にシフトしていた地方交付税の配分に変化が生ずる可能性が生まれる。

(4) 地方自治の充実には，地方財政調整がしっかりなされなければならないと筆者は考えるが，懸念すべき点がある。つまり，竹中総務相が2005年秋に地方分権に関する私的懇談会をつくったが，そのメンバーには地方交付税抑制を唱える研究者が数多く入っている。そこで，地方交付税の大幅削減が心配されるのである。ともあれ，地方財政調整の今後が注目されなければならないのである。

(5) また，財務省と総務省のバトルが今後どのような方向に向かっていくのかが注目されるが，先行きはよくみえない。例えば，地方交付税の不交付団体の割合拡大をめぐる改革については，財務省は団体数で3分の1を主張し，総務省は不交付団体に住む人口割合で3分の1を主張している。現時点では，双方の主張は相当にかけ離れているのである。

　増税環境が整ってきたことや景気の回復など自治体財政には追い風になる部分もあるが，地方財政調整の今後のありかたなど不透明な要素もある。このような状況の中で，自治体は行財政運営を行っていかなければならないが，先に述べたように，現在考えられる「ありとあらゆる施策」を展開することが肝要である。

8 夢を追いかけよう
―北海道の新しい自治のかたちを求めて

　合併特例法の期限後は，新合併特例法（合併新法）による新たな合併推進策がとられることになった。合併新法は5年間の時限立法で，合併促進に向けて都道府県知事の権限と役割を強めているのが特徴である。合併特例法のもとでの中心的な財政優遇措置であった合併特例債は廃止され，地方交付税の合算特例（合併算定替え）も現行の10年間から段階的に5年間に短縮された。合併新法が用意した合併推進の手順は以下のようになっている。つまり，2005年5月に総務大臣による基本指針（合併基準を含む）の策定公表が行われ，それを受けて，都道府県条例によって審議会が設置され，同審議会において合併構想の審議と策定が行われるという手順である。

　もっとも注目されるのは都道府県の合併構想策定であるが，多くの都道府県では，6月の都道府県議会で条例を制定し，審議会が設置された。ただし，都道府県によって，合併推進の度合いは異なり，例えば長野県のように，合併構想や策定の審議会を設置しない県も存在する。審議会を設置した都道府県では，果たして一方的に合併構想をとりまとめるのだろうか。筆者は，地方分権が進む中で都道府県と市町村が本当の意味で対等になっているのか，都道府県の側が試されていると考える。その意味で，合併構想の審議会を早々に設置した北海道庁の対応が注目されるのである。

　筆者は合併新法に移ってからも，道が市町村合併をこれまでと同様な手法で推進していこうとするのならば，北海道全体の活力をそぐことになりかねないことを懸念している。合併特例法の時から始まって一向にまとまらない議論を今後も続けるのならば，北海道経済の発展にとってもマイナスである。北海道では，この間法定合併協議会の破談が相次いだし，住民投票で自立を選択した自治体も多い。また，法定合併協議会において意見対立が鮮明になり，かえって近隣自治体間での亀裂が深まってしまった地域も少なくないからである。産業政策，農業政策，福祉政策等取り組まなければならない課題

が自治体には山積していることが直視されなければならないのである。そこで，筆者は次の点を強調したい。
(1) 北海道の新しい自治のかたちとして広域連合制度を積極的に位置づける。今後のまちづくりは広域の視点が不可欠である。特定目的の広域連合制度や一部事務組合を地域の判断で積極的につくっていくとともに，将来的には道内分権の受け皿としての広域連合制度についても，北海道スタンダードとして創設する方向性を打ち出す（詳しくは第2章を参照）。
(2) 市町村は近隣自治や自治体内分権に活路を見出すとともに，多様な市民の活動団体（町内会，老人クラブ，ＮＰＯなど）との連携を強め，「地域教育力」や「地域福祉力」などを高める。
(3) 筆者は合併一般に反対はしていない。むしろ，北海道経済にプラス効果が明らかに望める生産・流通の拠点都市づくりは重要であると考える。先にも述べたように，このため，苫小牧市と千歳市の合併を進め，圏域全体の発展を図ることが望ましいのではないかと考える。苫小牧港と新千歳空港があり，企業立地が進んでいる苫千地域が，札幌市という大消費都市に近接する生産・流通の拠点都市になることによって，日本の中の拠点都市になる。それは，圏域全体の発展につながるだけにとどまらず，北海道経済の「元気さ」を全国に発信していくことにもなる。このような意味での合併には，長期的，戦略的に道，自治体，経済界などが取り組む必要があると考えるのである。
(4) 何も北海道に限定した課題ではないが，地域の事情などにより，広域連合制度や自治体間の広域連携がうまくいかないケースが出てくることも予想される。このような場合には，都道府県が小規模自治体の行政サービスの一部を代行するシステムをつくることが必要である。その際には，窓口事務のみを町村が行うという仕組みではなく，住民サービス（在宅福祉サービスや教育サービス）などは町村が担い，町村で担うのが困難な事務を中心に都道府県が担うことを原則として，システム構築が図られなければならない。

(5)　第2章において述べたことのくり返しになるが，地方自治制度の改革の方向においては，画一的な制度設計や硬直した考え方を極力廃止し，フレキシビリティ（柔軟かつ融通のきく考え方）を何よりも重視する必要がある。「地方分権を進めるためには市町村の規模が大きくなければならない」「分権を進めるには市町村合併がなされなければならない」「財政が悪いので市町村合併をしなければならない」といった「なければならない」論を，いくら唱えてもなかなか先には進まない。広域連合，近隣自治の仕組みの構築，行政スタンスの見直し，役場機構の見直しや職員意識改革など，今，北海道の自治体は新しい自治のかたちを模索しながら，歩み始めることが大切なのではあるまいか。

第4章 過疎地域の医療の将来と広域連合制度

❶ 病院事業と地方公営企業の負担区分の原則

　市町村合併特例法の期限が2005年3月末で切れ，これを引きつぐ形で合併新法（2005-2009年度の時限立法）がつくられた。しかし，合併することによって過疎化がすすむことへの不安や地域のアイデンティティ崩壊への懸念などから自立をめざした市町村は少なくないし，住民投票の実施などによって自立の道を選択した市町村も数多くみうけられる。多くの市町村はかなりのエネルギーを消耗しながら合併論議を行ってきた。このような市町村の状況を考えれば，合併特例法に基づく「平成の大合併」後は，一部の地域を除けば合併によらないまちづくりが一層めざされるべきではないか。一方，市町村財政の状況は厳しい。このような中で地域のアイデンティティを守る方法の1つとして，筆者は市町村合併に代わるものとして，自治体間の広域連携や広域連合制度の活用が検討される必要があると考えている

　広域連合制度のもとでは，1つの仕事をいくつかの自治体が集まって行うことによって，単独自治体で行うよりも職員数を減らすことができ，行財政の効率化に寄与できる。また，これまでのような自治体間で「ハコモノ建設」を競い合うのではなく，いくつかの自治体で共同して1つの施設を使うことによって，財政メリットを生み出すことができる。さらに，なかなか得がたい専門職（例えばOT，PTなど）を広域で採用して，保健福祉行政の質を高めることができる。これからのまちづくりは，自治体間の広域連携や広域連合制度の活用など，広域での取り組みを強化する方向で，厳しい財政状況

に対処するとともに公共サービスの維持に努める必要があるのである。第3章では，介護の広域連合などの事例について述べるとともに，教育に関する広域連合の実現可能性について探った。本章では病院事業の広域連合について述べてみよう。

　筆者が注目するのは，過疎地域の医療の問題である。今後，過疎地域では医療における民間参入が期待できない地域が多くなるだろう。もっとも，これまでも過疎地域では，民間の医療機関の参入があまり期待できなかったし，それゆえにこそ，公的医療機関が積極的に対処すべきであるという考え方から，不採算地区における自治体立病院の整備とある程度の公費導入が図られてきた。

　公費導入の仕組みは次のようになる。やや詳しく，病院事業を取り巻く状況などにもふれながら述べてみよう。2002年度には，地方公営企業法を適用する病院事業（自治体立病院）は全部で764事業存在し，これらの事業が有する自治体立病院数は1,007病院（うち建設中が7病院）を数えた。病院事業で働く職員数は23万6,392人で，地方公営企業の中ではもっとも職員数が多い（資料4-1）。また，決算規模は，病院事業は下水道事業につぐ第2位となっている（資料4-2）。自治体立病院の内訳は，都道府県立が227病院（47都道府県），指定都市立が33病院（12政令指定都市），市立が276病院（260市），町村立が331病院（330町村），一部事務組合立が140病院（115組合）となっている（資料4-3）[1]。

　自治体立病院のうち一般病院は960存在する（一般病院以外の自治体立病院としては，結核病院が1，精神病院が46存在する）。一般病院の中で病床数300床以上の大規模病院の占める割合は，自治体立病院全体の32.4%である。都道府県立においては51.1%，指定都市立においては62.5%，市立においては54.0%が300床以上の病院となっている。これらの大規模病院は地域における基幹病院や中核病院として，高度医療や医療水準の確保に力を果たすことが期待されているのである。

　町村立病院は全国で331存在し，このうち病床数が100床未満の病院が215

第4章 ▶▶▶ 過疎地域の医療の将来と広域連合制度

■資料4-1　地方公営企業の職員数の推移

(単位：人)

年度　　事業	1975	1985	1990	1998	1999	2000	2001 (A)	2002 (B)	(B)の構成比(%)	対前年度比 (B)−(A)(C)	増減率 (C)/(A)(%)
全事業	327,637	363,946	378,273	404,917	404,703	418,056	414,668	411,583	100.0	△3,085	△0.7
水道事業	74,364	73,286	70,902	68,660	67,613	66,538	65,283	63,809	15.5	△1,474	△2.3
うち[上水道	71,208	70,247	67,961	65,587	64,583	63,541	62,320	60,909	14.8	△1,411	△2.3
[簡易水道	3,156	3,039	2,941	3,073	3,030	2,997	2,963	2,900	0.7	△63	△2.1
工業用水道	3,627	3,204	2,997	2,736	2,696	2,567	2,488	2,409	0.6	△79	△3.2
交通	60,239	49,934	47,632	42,292	40,991	39,945	38,408	36,915	9.0	△1,493	△3.9
電気	2,652	2,778	2,681	2,722	2,719	2,617	2,580	2,548	0.6	△32	△1.2
ガス	1,942	2,067	2,032	2,219	2,219	2,224	2,057	1,991	0.5	△66	△3.2
病院	136,788	181,220	198,349	228,334	231,020	233,273	234,153	236,392	57.4	2,239	1.0
下水道	25,877	34,220	37,777	43,441	43,197	42,601	42,069	41,197	10.0	△872	△2.1
港湾整備	2,587	1,203	1,183	948	938	917	834	774	0.2	△60	△7.2
市場	3,020	3,030	2,927	2,671	2,613	2,541	2,477	2,285	0.6	△192	△7.8
と畜場	1,538	1,109	941	727	711	638	628	586	0.1	△42	△6.7
観光施設	6,073	4,963	4,491	4,286	4,087	3,528	3,285	3,053	0.7	△232	△7.1
宅地造成	5,837	5,112	4,942	4,639	4,516	4,122	3,791	3,427	0.8	△364	△9.6
有料道路整備	579	170	125	21	15	15	11	—	—	△11	△100.0
駐車場整備	332	161	109	177	167	124	103	106	0.0	3	2.9
介護サービス	—	—	—	—	—	15,934	16,036	15,686	3.8	△350	△2.2
その他	2,182	1,489	1,185	1,044	1,201	472	465	405	0.1	△60	△12.9
全事業 法適用企業職員	296,756	331,252	344,861	366,261	366,453	365,896	363,561	362,191	88.0	△1,370	△0.4
内訳 法非適用企業職員	28,881	32,694	33,412	38,656	38,250	52,160	51,107	49,392	12.0	△1,715	△3.4
損益勘定所属職員	297,498	335,613	348,810	371,095	371,421	385,658	383,496	381,645	92.7	△1,851	△0.5
資本勘定所属職員	30,139	28,333	29,463	33,822	33,282	32,398	31,172	29,938	7.3	△1,234	△4.0

(出所)『地方財政』2004年1月号。

■ 資料4-2 地方公営企業の決算規模の推移

(単位：億円、％)

区分 事業	決算規模 1998	1999	2000	2001	2002	対前年度増加率 1999	2000	2001	2002	伸長指数 (10=100) 1999	2000	2001	2002
水道	52,126	50,268	48,419	47,094	46,997	△3.6	△3.7	△2.7	△0.2	96	93	90	90
うち 上水道	48,749	46,913	45,398	44,198	44,279	△3.8	△3.2	△2.6	0.2	96	93	91	91
うち 簡易水道	3,377	3,355	3,021	2,897	2,718	△0.7	△10.0	△4.1	△6.2	99	89	86	80
工業用水道	2,987	2,943	2,614	2,690	2,571	△1.5	△11.2	2.9	△4.4	99	88	90	86
交通	14,539	14,812	15,543	14,207	13,782	1.9	4.9	△8.6	△3.0	102	107	98	95
電気	1,462	1,475	1,418	1,392	1,379	0.9	△3.9	△1.8	△0.9	101	97	95	94
ガス	1,305	1,307	1,381	1,477	1,267	0.2	5.7	7.0	△14.2	100	106	113	97
病院	47,575	47,036	47,001	48,398	48,128	△1.1	△0.1	3.0	△0.6	99	99	102	101
下水道	79,192	80,359	76,378	74,074	72,021	1.5	△5.0	△3.0	△2.8	101	96	94	91
港湾整備	2,184	2,267	2,112	2,146	1,939	3.8	△6.8	1.6	△9.6	104	97	98	89
市場	2,041	3,914	1,896	1,798	1,584	91.8	△51.6	△5.2	△11.9	192	93	88	78
と畜場	408	410	408	437	329	0.5	△0.5	7.1	△24.7	100	100	107	81
観光施設	1,900	1,812	1,500	1,457	1,312	△4.6	△17.2	△2.9	△10.0	95	79	77	69
宅地造成	15,070	16,623	15,826	14,212	11,759	10.3	△4.8	△10.2	△17.3	110	105	94	78
有料道路	158	72	131	59	49	△54.4	81.9	△55.0	△16.9	46	83	37	31
駐車場	895	840	763	674	647	△6.1	△9.2	△11.7	△4.0	94	85	75	72
介護サービス	—	—	2,307	2,393	2,363	—	皆増	3.7	△1.3	—	—	—	—
その他	648	416	267	349	528	△35.8	△35.8	30.7	51.3	64	41	54	81
計	222,492	224,555	217,963	212,856	206,654	0.9	△2.9	△2.3	△2.9	101	98	96	93

注）決算規模の算出は次のとおりとした。
 法適用企業（税込み）：総費用＋一減価償却費＋資本的支出
 法非適用企業：総費用＋資本的支出＋繰上充用金＋積立金
〔出所〕資料4-1に同じ。

第4章 ▶▶▶ 過疎地域の医療の将来と広域連合制度

■資料4-3　自治体立病院の状況

(2002年度決算対象病院数)

種別		経営主体	都道府県	指定都市	市	町村	組合	計
一般病院		300床以上	(51.1) 95	(62.5) 20	(54.0) 148	(1.5) 5	(31.2) 43	(32.4) 311
		100床以上 300床未満	(36.0) 67	(34.4) 11	(38.0) 104	(33.3) 110	(44.9) 62	(36.9) 354
		100床未満	(11.3) 21	—	(7.7) 21	(65.2) 215	(22.5) 31	(30.0) 288
		建設中	(1.6) 3	(3.1) 1	(0.4) 1	—	(1.4) 2	(0.7) 7
		計	(100.0) 186	(100.0) 32	(100.0) 274	(100.0) 330	(100.0) 138	(100.0) 960
	うち不採算地区病院		(5.4) 10	—	(0.4) 1	(48.2) 159	(14.5) 20	(19.8) 190
結核病院			1	—	—	—	—	1
精神病院			40	1	2	1	2	46
計			227	33	276	331	140	1,007
うち救急告示病院			142	20	254	287	125	828

注1) ( ) は構成比率 (%) である。
　2)「不採算地区病院」とは，病床数100床未満（感染症病床を除く）または1日平均入院患者数100人未満（感染症の患者を除く）であり，かつ1日平均外来患者数200人未満である一般病院のうち，当該病院の所在する市町村内に他に一般病院がないもの，または所在市町村の面積が300㎢以上で他の一般病院の数が1に限られるものをいう。

〔出所〕『地方財政』2004年3月号。

（町村立病院全体の65%），また不採算地区病院は町村立病院全体の約半分の159存在している。したがって，不採算地区病院は自治体立の一般病院の19.8%にあたる190病院存在するが，そのほとんどが町村立の病院と一部事務組合立の病院であることが把握できるのである。北海道を例にとると，北海道には69の町村立病院（一部事務組合立の病院1つを含む）が存在するが，このうち約90%に当たる59病院が不採算地区病院である。また，市町村立病院のほとんどが救急告示病院である。自治体立病院の病床数，患者数などの

■資料4-4　自治体立病院の病院施設，患者数等の年度別推移

項　目	年　度	1998	1999	2000	2001	2002	対前年度比率 (%)			
							1999	2000	2001	2002
病	院　数	990	998	1,002	1,006	1,007	100.8	100.4	100.4	100.1
病床数(床)	一　般	203,261	204,682	207,832	209,406	211,294	100.7	101.5	100.8	100.9
	結　核	4,847	4,359	4,100	3,976	3,831	89.9	94.1	97.0	96.4
	精　神	24,174	24,130	24,060	23,783	23,571	99.8	99.7	98.8	99.1
	感染症	4,570	1,290	1,234	1,217	1,225	28.2	95.7	98.6	100.7
	計	236,852	234,461	237,226	238,382	239,921	99.0	101.2	100.5	100.6
病院延床面積(㎡)		12,924,739	13,347,434	13,742,751	14,252,188	14,669,523	103.3	103.0	103.7	102.9
外来患者	年延数(人)	138,583,574	140,593,696	142,642,425	143,540,902	134,898,192	101.5	101.5	100.6	94.0
	1日平均(人)	545,605	560,134	568,297	571,876	535,310	102.7	101.5	100.6	93.6
入院患者	年延数(人)	71,051,650	71,559,282	72,103,150	72,283,778	71,723,539	100.7	100.8	100.3	99.2
	1日平均(人)	197,366	199,329	201,405	201,910	199,787	101.0	101.0	100.3	98.9
入院・外来患者数	年延数(人)	209,635,224	212,152,978	214,745,575	215,824,680	206,621,731	101.2	101.2	100.5	95.7
	1日平均(人)	742,971	759,463	769,702	773,786	735,097	102.2	101.3	100.5	95.0
病床利用率(%)		82.9	84.0	84.0	83.5	82.5	—	—	—	—
外来入院比率(%)		195.0	196.5	197.8	198.6	188.1	—	—	—	—
職員数(人)		228,334	231,020	233,273	234,153	236,392	101.2	101.0	100.4	101.0

注)「病床数」欄の「感染症」については，1998年度以前は「伝染」と読み替える。

〔出所〕資料4-3に同じ。

状況は資料4-4に掲げた。

　不採算地区病院とは、「病床数100床未満（感染症病床を除く）または1日平均入院患者数100人未満（感染症の患者を除く）であり、かつ1日平均外来患者数200人未満である一般病院のうち、当該病院の所在する市町村内に他に一般病院がないもの、または所在市町村の面積が300平方キロメートル以上で他の一般病院の数が1に限られるもの」をいう。

　病院事業に限らず、水道事業、下水道事業、自動車運送事業、鉄道事業、ガス事業など、「地方自治体が所有し経営する企業」＝地方公営企業には、地方公営企業法に基づく「経費の負担区分の原則」がとられている。地方公営企業は、企業である以上、独立採算性の原則に支配される。しかし、地方自治体は公共的な必要性から、企業ベースにのらないような事業（採算をとるのが難しい事業など）でも実施しなければならない場合がある。このような事業や事務に関する経費については、地方公営企業に負担させることが不適当だったり、また不可能な場合が少なくない。これらの経費は、公共性の確保の責任主体である地方自治体が負担すべきなのである。そこで、地方公営企業においては負担区分の原則がとられているのである。つまり、地方公営企業法17条の2で、①その性質上当該地方公営企業の経営にともなう収入をもって充てることが適当でない経費、②当該地方公営企業の性質上、能率的な経営を行っても、なおその経営にともなう収入をもって充てることが客観的に困難であると認められる経費については、地方自治体の一般会計や特別会計において負担するものとし、それ以外の経費については、料金収入など地方公営企業の経営にともなう収入を充てることとされているのである。地方公営企業は独立採算性が原則であるといっても、あくまで、それは経費の負担区分の原則を前提としたものなのである。

　地方自治体が一般会計等において負担すべき経費について、病院事業を検討すれば、「その性質上当該地方公営企業の経営にともなう収入をもって充てることが適当でない経費」には、看護師養成所の経費、救急医療施設の設置経費があり、「当該地方公営企業の性質上、能率的な経営を行っても、なおそ

■資料4-5　北海道病院事業会計繰出基準（現行基準）

(2002年度決算)

区　分	総務省通達繰出基準	道　　基　　準	決　算 (千円)	経費 区分
1　建設改良に要する経費 　　企業債元利償還金 　　企業債支払利息 　　建設改良費	2／3 2／3 特定財源控除後の1／2	（総） 同　左	1,268,840	
2　へき地医療の確保に要する経費	①　巡回診療を行う経費等のうち経営に伴う収入をもって充てることができないと認められるものに相当する額（運営費，建設改良費） ②　遠隔医療システムの運営を行うために必要な経費のうち，その運営に伴う収入をもって充てることができないと認められるものに相当する額	（総） ●画像診断支援の運営に必要な消耗品費，通信運搬費等 ●画像伝送装置設置費等	998	
3　結核病院の運営に要する経費	運営経費のうち，経営に伴う収入をもって充てることができないと認められるものに相当する額 （運営費，建設改良費）	（総） ●職員給与費＋材料費＋経費＋減価償却費－収入 ●企業債利息（企業債利息×1／6） ●建設改良に要する経費 　（企業債元金償還金×1／6，建設改良費×1／4）	815,349	2号
4　精神病院の運営に要する経費	運営経費のうち，経営に伴う収入をもって充てることができないと認められるものに相当する額 （運営費，建設改良費）	（総） ●作業・レク療法に係る看護婦・作業療法士給与費＋作業材料費＋その他材料費－収入 ●入院長期化減収補填 ●一般病院との調整額格差 ●特殊な医療に係る経費 ●空床確保経費－国庫補助金 ●企業債利息（企業債利息×1／6） ●建設改良に要する経費（企業元金償還金×1／6，建設改良費×1／4）	1,222,382	
5　リハビリテーション医療に要する経費	運営経費のうち，これに伴う収入をもって充てることができないと認められるものに相当する額 （作業療法，レクレーション療法も該当する）（運営費，建設改良費）	（総） ●リハビリ部門収支不足額－他の繰出金 ●リハビリセンターの収支不足額全額 ●建設改良に要する経費（企業元金償還金×1／6，建設改良費1／4）	311,745	
6　周産期医療に要する経費	実施に要する経費のうち，これに伴う収入をもって充てることができないと認められるものに相当する額（運営費，建設改良費）		—	
7　公立病院附属看護婦養成所の運営に要する経費	看護婦を養成するために必要な経費のうち，その経営に伴う収入をもって充てることができないと認められるものに相当する額（設置費，運営費）	（総） ●講師，実習指導者の平均給与額÷年間勤務時間×従事時間数	88,111	
8　救急医療の確保に要する経費	救急告示病院における医師等の待機及び空床の確保等救急医療確保に必要な経費に相当する額（設置費，運営費）	（総） ●（医師宿日直手当×人数×日数）＋（看護婦夜勤手当×日数＋看護婦時間外手当×人数×時間数×日数） ●空床確保経費 ●看護婦の救急配置に伴う増こう経費 ●企業債利息（企業債利息×1／6） ●建設改良に要する経費（企業元金償還金×1／6，建設改良費×1／4）	307,029	1号
9　公立病院附属診療所の運営に要する経費	運営経費のうち，経営に伴う収入をもって充てることができないと認められるものに相当する額（運営費，建設改良費）		—	2号

第**4**章 ▶▶▶ 過疎地域の医療の将来と広域連合制度

区　分	総務省通達繰出基準	道　基　準	決　算（千円）	経費区分
10 高度医療に要する経費	実施に要する経費のうち，経営に伴う収入をもって充てることができないと認められるものに相当する額（運営費，建設改良費）	（総） ● 高度医療部門の収支不足額－他の繰出金 ● 建設改良に要する経費（企業債元金償還金×1／6，建設改良費×1／4）	1,029,169	2号
11 保健衛生行政事務に要する経費	集団検診，医療相談等に要する経費のうち，これに伴う収入をもって充てることができないと認められるものに相当する額	（総） ● 医療相談業務等に要する人件費	26,247	1号
12 経営基盤強化対策に要する経費				
(1) 不採算地区病院の運営に要する経費	運営経費のうち，経営に伴う収入をもって充てることができないと認められるものに相当する額	（総） ● 収支不足額－他の繰出金 ● 建設改良費－特定財源－建設改良に係る繰出金 ● 企業債元金償還金の1／6	334,257	2号
(2) 医師及び看護婦等の研修に要する経費	研究研修に要する経費の1／2	（総） ● 医師及び看護婦等の研究研修に要する経費並びに経営研修に要する経費の1／2		2号
(3) 病院事業の経営研修に要する経費	経営研修に要する経費の1／2		152,595	
(4) 保健・医療・福祉の共同研修等要する経費	病院が中心となって行う保健・福祉等一般行政部門との共同研修・共同研究に要する経費の1／2		―	
(5) 経営健全対策に要する経費	経営健全化計画において，不良債務を解消するために，一般会計から繰り入れることを認められた額の範囲内		―	
(6) 病院事業会計に係る追加費用の負担に要する経費	共済組合追加費用の一部	（総） ● 共済組合追加費用の1／2 （道） ● 共済組合追加費用の1／2	518,421	2号
13 基礎年金拠出金に係る公的負担に要する経費	職員に係る基礎年金拠出金に係る公的負担額	（自） ● 基礎年金拠出金の全額	90,597	
14 院内保育所の運営に要する経費	総務省基準にはないが，看護婦対策の一環として交付税措置されている	（道） ● 院内保育所交付税相当額	25,240	
15 病院事業会計管理に要する経費		（道） ● 本庁費用－本庁収入－他の負担金	338,807	
16 児童手当に要する経費	児童手当に要する経費のうち，3歳から小学校就学前の児童を対象とする特例給付に要する経費	（総） ● 特例給付の全額	4,130	2号
合　計			6,533,917	

注1）看護婦は看護師とする必要があるが出典のままとした。
　2）経費区分は地方公営企業法17条の2の各号における区分。

〔出所〕北海道庁資料。

の経営にともなう収入のみをもって充てることが客観的に困難であると認められる経費」には、山間地や離島に多い不採算地区病院に要する経費、高度・特殊な医療に要する経費、病院の建設改良費などがある。

このような経費の負担区分により一般会計等において負担すべきとされた経費は、一般会計等の地方公営企業会計への義務的経費と位置づけられ、各都道府県知事あての総務省自治財政局長通知によって、各経費ごとに一般会計等からの地方公営企業特別会計への繰り出し基準が定められている。例えば、病院の建設改良に要する経費では、病院の建設改良費（当該病院の建設改良に係る企業債および国庫（県）補助金等の特定財源を除く）および企業債元利償還金のうち、その経営にともなう収入をもって充てることができないと認められるものに相当する額（建設改良費の2分の1および企業債元利償還金の3分の2を基準とする）とされている。また、不採算地区病院の運営に要する経費の繰り出し基準は、不採算地区病院の運営に要する経費のうち、その経営にともなう収入をもって充てることができないと認められるものに相当する額となっている。その所要額は、地方財政計画に計上され、地方交付税（普通交付税）の基準財政需要額に算入されるか、特別交付税によって財源措置されることになっているのである。

さらに、このような経費の負担区分の原則によるものの他に、地方自治体が独自に自治体の一般会計等による地方公営企業会計への負担を行う、自治体による任意的な負担措置がある。負担区分に基づく繰り出し基準を上回る自治体独自の繰り出しがそれに当たる。資料4-5は、北海道立病院における北海道の繰り出し基準である。図表の中で（総）となっているものは、総務省通知の繰り出し基準どおりに行われていることを示しているが、（道）となっているものは、北海道独自の繰り出し基準に基づき繰り出しが行われていることを示す。（道）はあまり多くはないが、院内保育所の運営に要する経費や病院事業会計管理に要する経費などが道独自の基準による繰り出しになっている。

現在課題になっているのは、後述するように、地方公営企業の赤字が増大

し，負担区分に基づく自治体の一般会計からの繰り出しだけでは不十分なケースが多いことである。そこで，赤字分の補填のために一般会計等からの持ち出しが行われたり，将来一般会計等からの持ち出しが行われる可能性が高まるのである。

2 過疎地域と病院事業

　過疎地域の医療をめぐる状況は，今後次の2つの点で厳しくなるだろう。1つ目は，これまでは，一部地域を除けばプライマリーケアを担う民間の開業医（内科中心）は少数ながら各町村に存在していた。今後は，プライマリーケアを担う民間開業医を確保できなくなる過疎地域が増えるのではないだろうか。過疎地域の医療をとりまく状況は都道府県によっても異なるだろうし，一層の調査が必要であると考えているが，筆者の北海道の町村部の調査では，過疎地域でプライマリーケアを主に担ってきた民間の開業医が高齢化している状況がある。そして，開業医の息子は大学の医学部を卒業して医者になったのだけれども，父親の後を継ぐことをせず，都市部（札幌市とその周辺）で勤務医をするケースが何件かみられた。そこで，こうした地域では，プライマリーケアを含めて，医療はますます公的に行われなければならざるを得ない。

　2つ目。町村立病院の経営状況がよくない点である。診療所（19ベッド以下の有床診療所と無床診療所）ではなく，病院であるから一定数の入院ベッドを有するが，実際には手術が必要など，ある程度重い患者の入院はそれほど多くない。ほとんどの場合，このような患者は，都市部の病院に入院して手術を受けるからである。そこで，過疎地域の町村立病院では，あまり治療が必要ではない慢性期の患者（その多くは高齢者）が多く入院することになる。また，町村立病院しか医療機関が存在しない町村も少なくなく，したがって外来の患者の利用はかなりあるが，それには限界もある。さらに，入院

ベッドを持つ病院であるから，それに見合う形で医師や看護師などの人員配置がなされるために（地域よっては医師不足や看護師不足で必要な人員が確保できない病院もある），それ相応の人件費がかかる。また，一定の医療水準を維持・確保するための医療機器も必要である。そこで，収入のほうでは長期入院の高齢者と外来患者が中心なため，支出に見合う収入がなかなか上げられず，収支状況が芳しくない町村立病院が多数出ることになる。不採算地区病院への地方交付税措置が行われ，自治体もその金額に見合う財源を町村立病院に投じても，なお収支バランスがかなり悪い町村立病院が少なくないのである。累積欠損金や不良債務を抱え，構造的に赤字体質の病院になっている町村立病院が多いのである。

　累積欠損金とは営業活動によって欠損が生じた場合に，利益剰余金，利益積立金等により補填できなかった各事業年度の損失額を累積したものをいう。もちろん，累積欠損金があるからといってただちに問題が生ずるわけではない。現金支出を伴わない減価償却費があるため，累積欠損金が内部留保金の範囲以内であれば事業の資金不足が生じるものではないからである。しかし，累積欠損金が累増傾向にあるのは好ましいことではなく，経営健全化が求められるのである。さらに，病院事業では，不良債務が多額にのぼっている。不良債務とは資金的にみて当面の支払能力を超える債務で，貸借対照日現在において，流動負債の額が流動資産の額（翌年度に繰り越される支出の財源充当額を差し引いた額）を超える額をいう。累積欠損金とともに不良債務が生じているのは，短期的な資金不足が生じていることを示すのであり，経営的に不健全な状態であると言えよう。病院事業では96事業において不良債務が生じている。

　もちろん，累積欠損金や不良債務については，過疎地域の病院だけの問題ではない。紙数の都合で論ずる余裕がないが，病院の建設，高度医療・特殊医療など，都市部の大規模な自治体立病院に内在する経営環境によって生じている問題も大きい。経営主体別に，総事業数に占める累積欠損金を有する事業数の割合は，都道府県立が91.5%，指定都市立が91.7%，市立が78.4%，

町村立が70.0%，一部組合立が64.6%であり，同じく総事業者数に占める不良債務を有する事業者数の割合は，都道府県立8.5%，指定都市立25.0%，市立14.7%，町村立12.1%，一部組合立10.6%となっている。都市部の大規模病院の厳しい経営環境が読み取れるのである。

しかし，過疎地域では，都市部と異なった課題で経営環境が厳しいことが着目されなければならない。都市部の病院事業ほどではないが，実際，過疎地域の病院事業においても，累積欠損金を有する自治体立病院の割合は少なくないし，不良債務を有する自治体立病院も増える傾向にあるのである。

❸ 病院事業の広域連合の積極的検討の必要性

以上により，自治体立病院の経営環境が厳しい状況にあることが明らかになった。一方，地方財政もまた，地方交付税の減少や，基金の取り崩し，地方債残高の増加などにより厳しい状況におかれている。このような中で，地方自治体は，経営健全化の努力をするとともに，病院事業を取り巻く環境の変化を認識し，住民間の公平や住民福祉の増進の観点から，病院事業の赤字問題や将来の病院事業のありかたについて，対応することが迫られている。

近年，市町村合併が推進されてきた。合併の進捗状況などは都道府県によって異なるし，市町村の合併に対する考え方や姿勢にも相違がみられたけれども，全国的に「財政状況が悪いので仕方なく合併する」過疎地域の市町村は少なくなかった。筆者は，地域の歴史や地理的条件，産業構造などを考慮すれば，合併を急いで行っても，圏域全体の発展をなかなか見込むことができないのではないかと考える。「合併することによってどういう地域になり，どういう発展が見込まれるのか」「単独自治体ではなかなか改善できない問題を，合併することによって改善できるのか」などを住民に示せないまま合併を急ぐケースが少なくなかった。また，効率化とスリム化が市町村合併の重要な目的の1つであるにもかかわらず，学校の統廃合や病院事業の再編など

の重要事項を検討することなく,「合併してからこれらの重要な問題を決めましょう」式の問題先送りの市町村合併が多かったように思われる。

ただし,地方財政の状況が厳しいという冷厳な事実があることもまた直視されなければならない。そこで,過疎地域の自治体の将来を考える場合,単独自立しつつも,自治体連帯,つまり何らかの形での自治体間の広域連携が重要になるし,広域連合制度の形成が視野に入れられなければならない。

これまでの一部事務組合制度や広域連合制度においては,介護や病院事業など対人サービスにかかわるものは少なかった。しかし,過疎地域の自治体が,市町村合併方式ではない新しいまちづくりを模索する場合には,今後,対人サービスにかかわる広域連合が重要になるだろうと考える。すでに,筆者は,病院事業の抱える構造的な問題を示してきた。過疎地域の自治体が将来のまちづくりを考える際の重要な選択肢の1つとして,病院事業における広域連合制度の構築があると思われるのである。

では,過疎地域の病院事業の広域連合とはどのようなものなのだろうか。それは,次のようなものであろう。つまり,小規模自治体はそれぞれ単独で入院ベッドを持つ病院を運営するのではなく,自治体間の連携を強める。例えば,これまではA町,B町,C町,D村のそれぞれに自治体立病院が存在していたが,A町に総合病院を建設し(もしくはA町の病院を総合病院化し),近隣のB町,C町,D村には病院ではなく診療所を設置する方式に改める。これらの病院と診療所は広域連合制度で運営するとともに,病診連携を緊密に行うなどの工夫を行うのである。場合によっては,広域連合制度に都道府県が加わることがあってもよいだろう。都道府県による人的支援(医師,看護師の確保など)や財政支援はもちろん,広域連合を構成する市町村間の調整役を都道府県が果たすことも必要になるだろうからである。

実際,島根県では,隠岐地域の7町村(現在は市町村合併が行われて4町村)と島根県とで広域連合を形成して病院事業が営まれており,病診連携や医師・看護師の確保には県が大きな役割を果たしているのである。また,北欧のフィンランドでは,市町村合併がほとんど行われていないため小規模自

治体が多く存在している。人口4,000人未満の自治体数は全自治体数の約4割を占めているのである。そのような中で，病院事業の広域連合制度が広く普及している点を指摘しておこう（隠岐，フィンランドについては，横山純一『高齢者福祉と地方自治体』第2章，第4章，2003年4月，同文舘出版を参照）。

　過疎地域の自治体立病院を取り巻く状況について，筆者がヒアリングを行った北海道を中心にまとめて述べると，おおよそ次のようになろう。つまり，入院患者はあまり治療が必要ない慢性期の高齢者がほとんどである，プライマリーケアを担う民間の開業医がいないか，もしくは少ないため外来患者は自治体立病院を頼りにしている，病院事業は赤字で苦しんでいるところが少なくない，今後は医療をますます公的に提供せざるを得ない，しかし，自治体財政の状況は楽観視できない，というのが現状である。また，少子・高齢化が進む中で住民の医療ニーズは多様化し，整形外科や産婦人科の設置を要望する声も強い。しかし，過疎地域の自治体財政や自治体立病院の経営状況を考えれば，内科と外科をおくのがやっとの状況である。そこで，A町，B町，C町，D村でそれぞれ同じような病院があるのならば，先に述べたような病院事業の広域連合をつくり，3つないし4つの病院を診療所に転換するとともに，総合病院を1つ建設することが考えられてよいだろう。事業の効率化やコスト削減を図る一方で，1つの総合病院をつくることによって，産婦人科や整形外科を設置することができる可能性も高まるだろう。筆者の病院事業の広域連合案では，単にコスト削減だけではなく，医療の充実も目指されているのである。

　また，高齢者福祉との連携を強めながら，地域の施設整備率が低ければ，総合病院の中に療養型病床群を設置することも必要だろう。病院事業の広域連合制度が成功するためのカギは，市町村長たちがそれぞれの利害を押さえて広域連合の導入に踏みきる決断ができるのかという点と，医療従事者（特に医師や大学の医局）が病診連携システムをよく理解し，協力体制を整える前向きな姿勢を持っているのか，という点にかかっている。

さらに都道府県の姿勢も重要である。筆者が調査した岩手県と島根県についてみてみると，岩手県には多数の県立病院と県立診療所があり過疎地域の医療に県が積極的にかかわっている。そして，岩手県庁には医師確保を専門とする部署があり，当該部署の県職員が県立病院と県立診療所の医師確保のために努めている。また，先に述べた島根県は，病院と診療所の医師の連携システムの構築に努力してきた。このような都道府県の過疎地域医療への能動的なスタンスも重要となるであろう。

注

1) これらのうち地方公営企業法の全部適用を受けているのは49事業124病院で，その内訳は都道府県立が10事業（78病院），指定都市立が3事業（7病院），市立が25事業（28病院），町村立が9事業（9病院），一部組合立が2事業（2病院）である。都道府県立病院では，岩手県，三重県など7県が全部適用，それ以外が一部適用となっている。

　地方公営企業法の財務規定を適用する一部適用の場合，経営責任は知事・市町村長であり，組織の編成や職員の任免などに関する権限も知事・市町村長が留保している。他方，全部適用については，組織の編成や職員の任免などに関する一切の権限を専任の管理者にもたせるものである。一般に全部適用の場合のほうが，経営責任の明確化，事業庁長にみられる民間人の登用制度の活用，予算や人事等の迅速な対応，団体交渉権を有する労働組合の確立といった特徴が見出せる，ということができよう。

第5章 介護保険制度の大幅見直しと介護財源問題

1 高齢社会の進行と要介護者の増大

　介護保険のスタートから5年半が経過した。この間，高齢化が一層進行し，被保険者数はスタート時（2000年4月）の2,165万人から2,456万人（2004年5月）に増加した（291万人増）。さらに，要介護認定者数は218万人（2000年4月）から402万人（2004年9月）に増加し，被保険者数の伸び（13％）を大きく上回って実に84％の増加となった。中でも，「要介護1」と「要支援」という比較的軽度な要介護認定者数が大幅に増加し，「要介護1」，「要支援」ともに，スタート時の2倍以上の伸びを示している（資料5-1）。

　介護保険の給付サービスを受けている高齢者の動向をみてみると，在宅サービス利用者数は，2004年3月に228万人となり135％増加した（2000年4月97万人）。施設サービス利用者数も増加したが（2000年4月52万人，2004年3月75万人），その一方で都市部を中心に特別養護老人ホームの待機者数が大幅に増大した。例えば，札幌市高齢福祉課の調べでは，札幌市内の特別養護老人ホームへの入所申込者は2004年12月末で6,006人となり，重複申込者を除いた場合でも実に4,403人が待機していることが明らかになっている（「介護新聞」2005年5月12日号）。

　在宅サービス利用者数のほうが施設サービス利用者数を上回る伸びを示しているが，その理由は2つある。まず，制度の国民への浸透と民間事業者による「需要の掘り起こし」が進み，比較的軽度な高齢者を中心に在宅利用が大幅に伸びたことである。2つ目は，特別養護老人ホーム等に入りたくても

■資料5-1　要介護度別認定者数の推移と増加率

(単位：千人)

年月	要支援	要介護1	要介護2	要介護3	要介護4	要介護5	計
2000年4月末	291	551	394	317	339	290	2182
2001年4月末	320	709	490	358	365	341	2582
2002年4月末	398	891	571	394	394	381	3029
2003年4月末	505	1,070	641	431	424	414	3484
2004年9月末	645	1,307	603	509	491	469	4024

区分	増加率
計	84%
5	62%
4	45%
3	61%
2	53%
1	137%
支	122%

(出典：介護保険事業状況報告〔2004年9月分（7月サービス分）〕)

注）増加率は2000年4月末からの増加率。
〔出所〕厚生労働省資料。

　入所できず，やむをえず在宅サービスを利用する高齢者がかなりいる点である。先の札幌市高齢福祉課の調査による特別養護老人ホーム待機者数のうち，「在宅で待っている者」は32％にのぼっている。2003年4月に，申込順から心身の重症度や生活環境等を考慮した入所判定基準に変更され，いったん待機者数は減少したが，その後上昇に転じ，最近1年半では約40％増加しているのである（前述の「介護新聞」）。

　特別養護老人ホームへの入所待機中に亡くなる高齢者も少なくない。高齢者夫婦だけの世帯や高齢者の独居世帯が増大し続けており，「老老介護」は高齢化の進行とともに一層深刻な問題になっている。高齢者だけの世帯では「要介護2」以上で在宅ケアはなかなか難しい。したがって，特別養護老人ホームの入所待ちの問題は大変重要かつ深刻な問題であると言うことができるのである。

❷ 介護の総費用の増大と介護保険料問題

　このようなサービス利用者の急増は，当然のことながら，介護の総費用を上昇させる。介護保険の第2期（2003～2005年度）の介護給付費は5.5兆円（3年間の平均・年額）と推定されるが，第3期（2006～2008年度）以降は一層増大する見込みである。現行制度のまま推移した場合には，第3期が7.2兆円，第4期（2009～2011年度）が8.8兆円，そして，いわゆる「団塊の世代」（1947年，1948年生まれの者）が高齢者（65歳以上）となる第5期（2012～2014年度）には実に10.6兆円になることが予想されているのである。

　このことは介護保険料負担の増加と自治体財政負担の増大を招来する。第1期（2000～2002年度）の第1号保険料（65歳以上の者が支払う介護保険料，全国平均・各期平均1人当たり月額）は2,911円であったが，第2期は3,300円の見通しである。そして，第3期は4,300円，第4期は5,100円，第5期は6,000円に上昇する見込みなのである。国民基礎調査によれば，全国の世帯数のうち「高齢者のみの世帯」は実に4割を占め，さらに高齢者の1人暮らし世帯も増大の一途をたどって約300万世帯（人）にのぼるが，その8割は女性である。言うまでもなく基礎年金だけでの生活は苦しいし，厚生年金受給者でも夫を失った後の遺族年金は決して高くない。実際，高齢者夫婦世帯の約4割が年収200万円を切っている。したがって，介護保険料はかなりの数の高齢者に重い負担になっている。一般的には，高齢者1人当たりの介護保険料が月額4,000円～5,000円台のところが，高齢者にとってぎりぎりの負担のように思われるのである。

　さらに，介護保険の制度設計上の問題からくる「1号保険料の自治体間格差」がある。2005年4月1日現在での介護保険の保険者数は2,140（市町村数2,418）であるが（厚生労働省老健局『全国介護保険・老人保健事業担当課長会議資料』2005年9月26日），自治体間における1号保険料額のちがいは大きいのである。第2期の場合，1号保険料の最高額は，北海道釧路支庁管内

鶴居村の月額約6,000円（保険料基準額＝第3段階，市町村民税本人非課税の者）である。鶴居村の3人家族（68歳の夫，66歳の妻，90歳の夫の母親の3人暮しで68歳の夫は市町村民税課税者）の場合，月額保険料の合計額は実に約21,000円にのぼる。このことは，介護保険が市町村保険方式で営まれることの限界を示している。つまり，市町村ごとに高齢者比率などリスクに大きな隔たりがあり，大きなリスクを持つ市町村では，それを支える能力に限界がある。保険とは広範囲な地域と多くの人口をカバーしてリスクの分散を図ることにより，その長所が出てくるものである。介護保険は，人口2,000人の村でも，横浜市のような大都市でも，各々1つの市町村の保険になっているため，リスク分散に大きな格差が生まれることになるのである。例えば，高齢者比率25％で人口2,000人の村では，1人の高齢者が特別養護老人ホームや老人保健施設などに入所すれば，それだけで保険料（第3段階）は120～130円上昇する。第4期，第5期には，介護保険が現行の制度のまま推移した場合，1号保険料が月額1万円を超える自治体が生まれることになるだろう。なお，前述の『全国介護保険・老人保健事業担当課長会議資料』によれば，低所得者に対する1号保険料の単独減免を実施している保険者は771（全体の36.0％），このうち厚生労働省の設定した3原則遵守の保険者の割合は89.8％である。

　また，介護保険財政では，その約8分の1は市町村財政が負担する仕組みになっている（第2期の場合，1号保険料18％，2号保険料32％，国25％，都道府県12.5％，市町村12.5％）。したがって，介護保険財政が大きくなればなるほど，ほぼ自動的に市町村の財政負担が増大する構造になっている。確かにこの部分についての金額は，地方交付税の基準財政需要額に計上されてはいる。しかし，市町村財政は現在厳しい環境におかれている。市町村が独自施策を展開した結果，市町村財政の負担が増えるのであれば，「地方分権的」な政策の成果としてまだ受け入れる余地はあるかもしれないが，これとは無関係に，ほぼ自動的に市町村の財政負担が増えることになるのだから，市町村の苦悩は大きいのである。

③ 介護保険制度改革のスケジュールと介護保険制度改正法案の成立

　介護保険法では，法付則において施行後5年後の見直しを規定している。そこで，2003年5月に，制度見直しのために社会保障審議会・介護保険部会が設置されることになった。同部会での議論の中心的な課題は，介護保険財政の肥大化をできるだけ抑制するための対策をどのように構築するかであった。同部会は2004年7月30日にほぼ意見のとりまとめを行った。2004年12月10日には，難しい課題とされ同部会の中で意見が分かれていた「被保険者・受給者の範囲」についても最終的に意見をとりまとめた。そして，2005年春に制度改正法案が通常国会に提出され，衆議院と参議院で可決され，成立した。そして，この制度改正法案の成立を受けて，改正介護保険法は2006年4月施行されることになった。ただし，改正法案の目玉の1つであった施設給付の見直しは，前倒しで2005年秋から実施に移された。そして，2006年4月に第3期事業計画期間がスタートし，1号保険料の見直し，介護報酬・診療報酬の改定が行われることになった。

④ 介護保険制度改正法案の内容

　では，制度改正法案（以下改正案とする）の内容はどのようなものであったろうか。一言で言えば，介護保険財政の肥大化をできるだけ防ぐために介護の総費用を抑制する手立てを考えた点に特徴がある。ただし，ケアマネジメントの見直し，事業者規制，市町村の保険者機能の強化，地域密着型サービスの実現など，これまで筆者も含めて多くの研究者が指摘してきた介護保険の課題についても，介護保険部会で話し合われて制度に取り入れられたものもあり，評価できる部分も少なくない。以下，改正案の主な内容について述べていこう。

(1) 介護保険料段階の細分化

　現行の保険料段階のうち，第2段階（市町村民税世帯非課税）については被保険者の負担能力に大きな開きがあるため，これを細分化して，新第2段階と新第3段階を設け，負担能力の低い層にはより低い保険料率を設定することになった。つまり，新第2段階は年金80万円以下の高齢者とし，新第3段階は年金80万円超266万円以下の高齢者とすることになったのである（ただし，税制改正の影響によって，高齢者の保険料の各段階を決める際の高齢者の年金額の範囲に変化が生ずることになる。詳しくは本章の❺を参照）。そして，新第2段階の高齢者の保険料は保険料基準額の50％とし，新第3段階の高齢者の保険料は現行の第2段階と同様に保険料基準額の75％としたのである。また，これに伴って，現行の第3段階（市町村民税本人非課税，保険料基準額）は第4段階に移行する。そして，現行の課税層（第4段階と第5段階）については新第5段階，新第6段階になるが，市町村が被保険者の所得の状況に応じ，条例により区分数，保険料率等を弾力的に設定できるよう

■資料5-2　保険料段階の改正案イメージ

〔出所〕資料5-1に同じ。

■資料5-3　保険給付と要介護状態区分

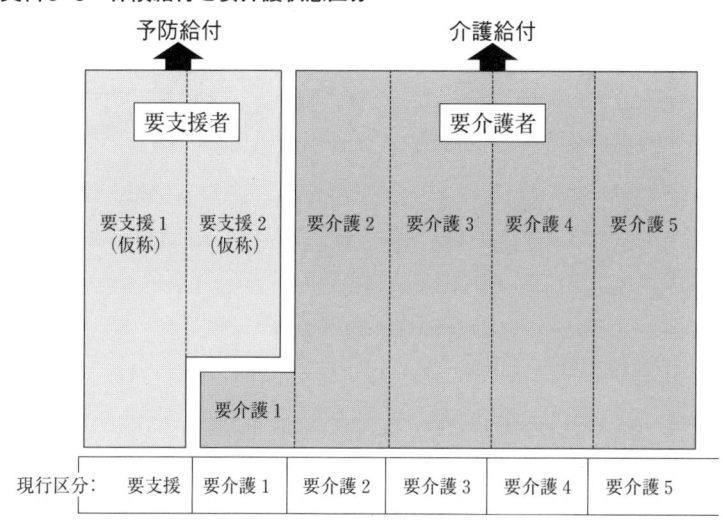

```
                予防給付              介護給付
                  ↑                    ↑
            ┌─────────┐        ┌──────────────────────────┐
            │ 要支援者 │        │        要介護者          │
            └─────────┘        └──────────────────────────┘

            要支援1   要支援2   要介護2  要介護3  要介護4  要介護5
            (仮称)    (仮称)

                     要介護1

現行区分：    要支援   要介護1  要介護2  要介護3  要介護4  要介護5
```

〔出所〕資料5-1に同じ。

にした。例えば，課税層の段階を新たに3段階に区分し（新第5段階，新第6段階，新第7段階），それぞれの保険料率を保険料基準額の125％，150％，175％などとすることが考えられるのである（資料5-2）。なお，現行の制度のもとでも課税層の保険料を3つの段階に設定することは可能で，そのような設定を行っている市町村は全体のほぼ1割であった（207保険者が実施，前述の『全国介護保険・老人保健事業担当課長会議資料』）。改正介護保険法のもとで，市町村がどのような対応をとるかが注目される。

(2) 予防重視型システムへの転換

今までの「要支援」を「要支援1」に，「要介護1」を「要介護1」と「要支援2」に細分化する（資料5-3）。そして，これらの高齢者は介護給付から新予防給付に移行し，新たに導入される筋力向上トレーニング，口腔機能向上ケア（歯みがきの指導など）・栄養指導などの予防サービスを主に受けることになる（2006年4月から市町村ごとに段階的導入，2009年度までに全

■資料5-4　新予防給付のメニュー

①既存サービスの評価・検証
→生活機能の維持・向上を積極的に目指す観点から内容・提供方法を見直す

```
┌─────────────────┐
│ 訪問介護（ホームヘルプ）    │
│ 通所介護（デイサービス）    │
│ 通所リハビリテーション     │
│ 福祉用具貸与          │
│ 訪問看護            │
│ ショートステイ         │
│ グループホーム 等       │
└─────────────────┘
```
⇒ 内容・提供方法を見直し

※単に生活機能を低下させるような家事代行型の訪問介護については、期間、必要性、提供方法等を見直し

②新たなサービスの導入
→効果が明らかなサービスについて市町村モデル事業を踏まえ取り入れ

```
┌──────────┐
│ 筋力向上     │
│ 栄養改善     │
│ 口腔機能向上   │
└──────────┘
```
⇒
● 新たにメニュー化
● 既存サービスの中でも実施

〔出所〕資料5-1に同じ。

国で実施）。ただし，これまで高齢者が受けてきた介護給付サービス（ホームヘルプサービス，デイサービス，デイケアサービス，訪問看護サービス，通所リハビリサービスなど）については，まったく提供しなくなるのではなく，内容・提供方法を見直して提供することになっている（資料5-4）。

(3) 施設給付見直し

2005年10月から，食費と居住費については介護保険給付対象から外されて施設入所者の全額自己負担となった。これにより年金266万円超の高齢者の場合には，改正前の利用者負担合計額5万6,000円が8万7,000円（ユニット型個室の場合は9.7～10.7万円が13万4,000円）に引き上げられ，年金80万円超266万円以下の高齢者については，改正前の利用者負担額4万円が5万5,000円（ユニット型個室の場合は7～8万円が9万5,000円）に引き上げられることになった。ただし，低所得者への配慮は一定程度なされ，例えば，年金80万円以下の高齢者の場合には，改正前の利用者負担額4万円が3万7,000円（ユニット型個室の場合は7～8万円が5万2,000円）に減少することになったの

第5章 ▶▶▶ 介護保険制度の大幅見直しと介護財源問題

■資料5-5 居住費用，食費の見直しに伴う利用者負担の変化
特別養護老人ホームの入居者における利用者負担の変化　　　　（単位：万円／月）

	〔現行〕				→	〔見直し後〕		保険外に		
	利用者負担計	1割負担	居住費	食費		利用者負担計	1割負担	居住費	食費	
第1段階 例）生活保護受給者等	2.5 (4.5-5.5)	1.5	— (2.0-3.0)	1.0		2.5 (5.0)	1.5	0 (2.5)	1.0	利用者負担の上限を設定
第2段階 例）年金80万円以下の者	4.0 (7.0-8.0)	2.5	— (3.0-4.0)	1.5		3.7 (5.2)	1.5	1.0 (2.5)	1.2	
第3段階 例）年金80万円超266万円以下の者	4.0 (7.0-8.0)	2.5	— (3.0-4.0)	1.5		5.5 (9.5)	2.5	1.0 (5.0)	2.0	
第4段階 例）年金266万円超の者	5.6 (9.7-10.7)	3.0 (3.1)	— (4.0-5.0)	2.6		8.7 (13.4)	2.9 (2.6)	1.0 (6.0)	4.8	〔利用者と施設の契約により設定〕 （参考）標準的なケース

注1）表中の（　）内は，ユニット型の個室の場合。
　2）要介護5・甲地のケース。
　3）改正後の1割負担については現行の介護報酬を基に機械的に試算したものである。
　4）「例」には，収入が年金のみで他に課税されるべき収入がないケースを記載。

〔出所〕資料5-1に同じ。

である（資料5-5）。

（4）保険料負担と給付の対象拡大

　20歳からの保険料の徴収や若年障害者への給付拡大等については，介護保険創設過程から大きな論点であった。そこで，現行の介護保険法付則第2条では，「介護保険制度については，…（中略）…被保険者及び保険給付を受けられる者の範囲，…（中略）…を含め，この法律の施行後5年を目途としてその全般に関して検討が加えられ，その結果に基づき，必要な見直し等が講ぜられるべきものとする」とされていた。今回の社会保障審議会・介護保険部会においても意見対立がみられ，意見の取りまとめが難航した。最終的には「2009年度をめどに所要の措置を講ずる」と付則に明記する形で決着をみた。

(5) 地域包括支援センターの設置

　第1章で述べたように，地域包括支援センターを市町村の責任で設置し，保健師，社会福祉士，スーパーバイザー的ケアマネジャーをおくことになった。基本的に中学校区ごとにつくり，全国で5,000か所整備する。社会福祉士は行政機関，保健所，医療機関，児童相談所，法律家（弁護士，司法書士），民生委員，ボランティア団体などに高齢者の必要なサービスを多面的かつ制度横断的につなぐ役割を担う。このため，高齢者虐待防止，高齢者の財産管理（預貯金の管理や払い戻し，不動産など財産の処分，賃貸契約の締結や解除など）や身上監護（治療や入院などの契約，住居確保の契約，福祉施設入所や介護サービスの契約，契約に付随する費用の支払いなど）などにも対応する。

　また，新予防給付のケアマネジメントを行うのは事業所のケアマネジャーではなく，地域包括支援センターの保健師である。同時に地域包括支援センターの保健師は，要介護や要支援に陥るおそれがある高齢者を対象とした地域支援事業のマネジメントを行う。さらに，スーパーバイザー的ケアマネジャーはケアマネジャーに対し，日常的な個別指導・相談や支援困難事例等についての指導・助言や，地域でのケアマネジャーの連携システムの構築に努める（資料5-6）。

(6) ケアマネジメントの見直し

　ケアマネジメントの現状は，併設事業所が9割を占め，主治医との連携が不十分であったり，特定のサービスへの偏りがみられ，単品プランも多い。また，不適正なケアプランがみられる。さらに，ケアマネジャーの業務が多忙な点や力量不足が目立つケースが多いなど課題だらけである（資料5-7）。そこで，主治医との連携，在宅と施設の連携，医療と介護との連携など，包括的・継続的なマネジメントを強化するとともに，多職種連携の実現が重要になるが，これには，スーパーバイザー的ケアマネジャーの役割が大きい。また，ケアマネジャーの資格について有効期間5年の更新制を導入するとと

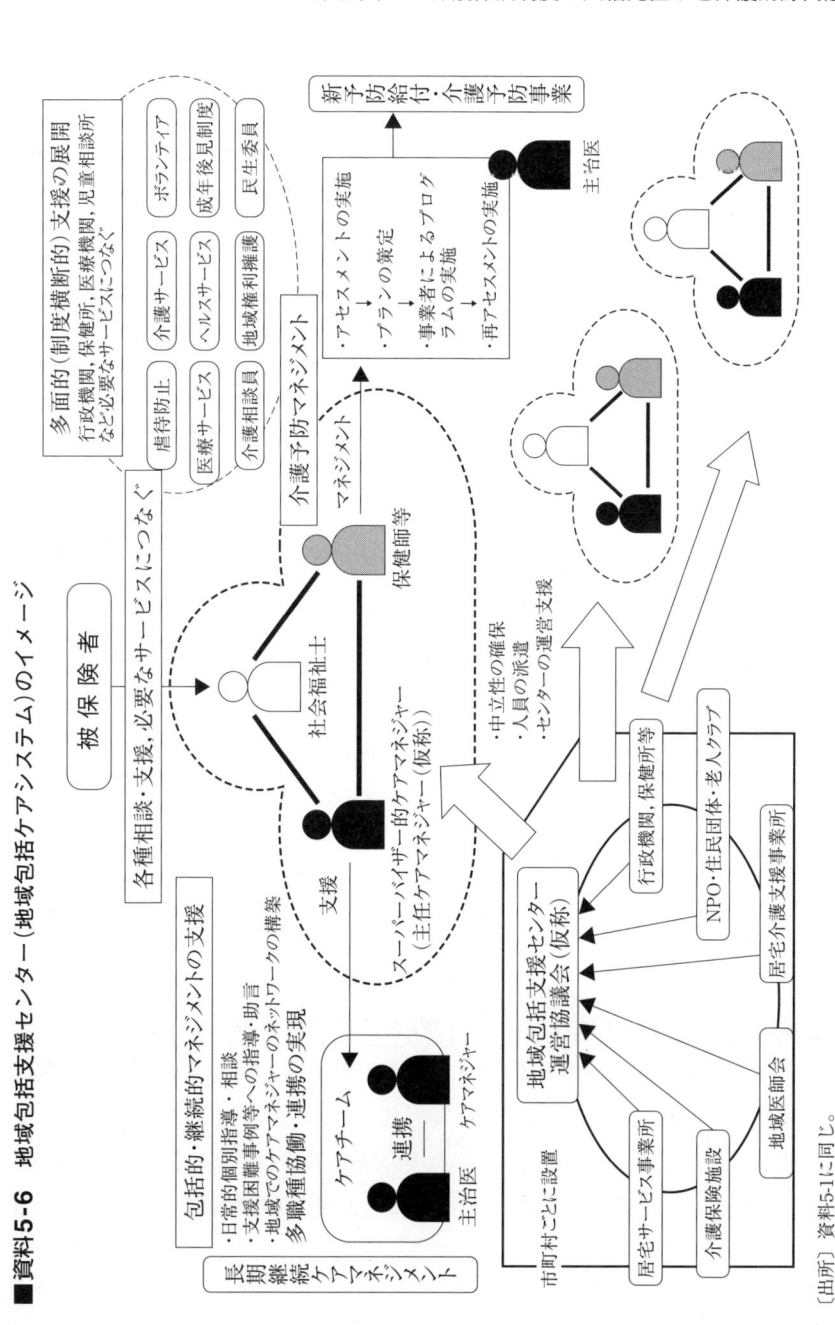

第5章 ▶▶▶ 介護保険制度の大幅見直しと介護財源問題

■資料5-6　地域包括支援センター（地域包括ケアシステム）のイメージ

〔出所〕資料5-1に同じ。

■資料5-7 ケアマネジメントの課題と見直しの方向性

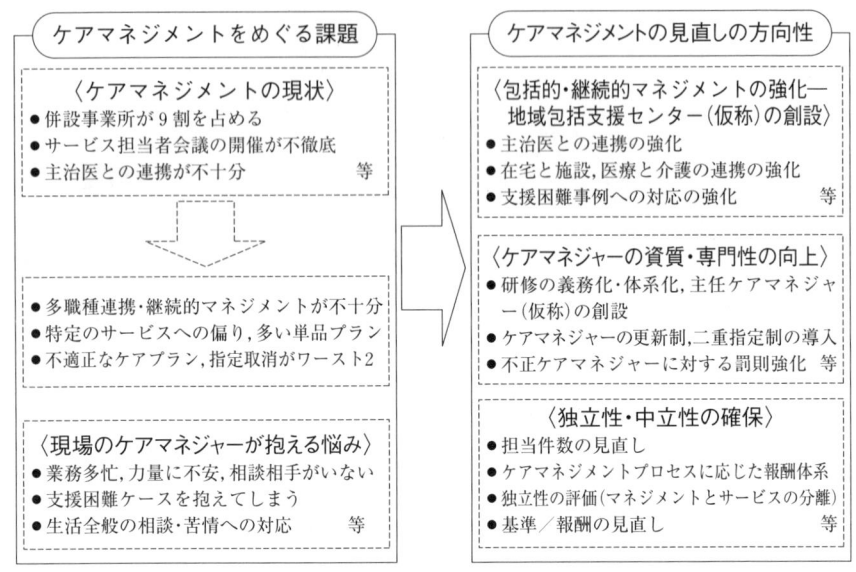

```
┌─ ケアマネジメントをめぐる課題 ─────┐     ┌─ ケアマネジメントの見直しの方向性 ─────┐
│ ┌─────────────────────────┐ │     │ ┌─────────────────────────────────┐ │
│ │   〈ケアマネジメントの現状〉     │ │     │ │ 〈包括的・継続的マネジメントの強化─  │ │
│ │ ●併設事業所が9割を占める      │ │     │ │   地域包括支援センター(仮称)の創設〉│ │
│ │ ●サービス担当者会議の開催が不徹底│ │     │ │ ●主治医との連携の強化           │ │
│ │ ●主治医との連携が不十分    等 │ │     │ │ ●在宅と施設,医療と介護の連携の強化 │ │
│ └─────────────────────────┘ │     │ │ ●支援困難事例への対応の強化   等 │ │
│             ↓            │     │ └─────────────────────────────────┘ │
│ ┌─────────────────────────┐ │ ⇒   │ ┌─────────────────────────────────┐ │
│ │ ●多職種連携・継続的マネジメントが不十分│ │     │ │ 〈ケアマネジャーの資質・専門性の向上〉│ │
│ │ ●特定のサービスへの偏り,多い単品プラン│ │     │ │ ●研修の義務化・体系化,主任ケアマネジ│ │
│ │ ●不適正なケアプラン,指定取消がワースト2│ │     │ │   ャー(仮称)の創設             │ │
│ └─────────────────────────┘ │     │ │ ●ケアマネジャーの更新制,二重指定制の導入│ │
│ ┌─────────────────────────┐ │     │ │ ●不正ケアマネジャーに対する罰則強化 等│ │
│ │〈現場のケアマネジャーが抱える悩み〉│ │     │ └─────────────────────────────────┘ │
│ │ ●業務多忙,力量に不安,相談相手がいない│ │     │ ┌─────────────────────────────────┐ │
│ │ ●支援困難ケースを抱えてしまう   │ │     │ │   〈独立性・中立性の確保〉       │ │
│ │ ●生活全般の相談・苦情への対応 等│ │     │ │ ●担当件数の見直し              │ │
│ └─────────────────────────┘ │     │ │ ●ケアマネジメントプロセスに応じた報酬体系│ │
└─────────────────────────────┘     │ │ ●独立性の評価(マネジメントとサービスの分離)│ │
                                    │ │ ●基準/報酬の見直し          等 │ │
                                    │ └─────────────────────────────────┘ │
                                    └─────────────────────────────────────┘
```

〔出所〕資料5-1に同じ。

もに，更新時研修を義務づけて技量格差是正を図る。また，ケアプラン担当件数を見直すとともに，独立性の確保（マネジメントとサービスの分離）に努める。

(7) 2006年度〜2008年度の年間給付総額は6.5兆円を予定

　これまでの「要介護1」と「要支援」の高齢者（2004年9月末現在1,952万人，要介護度別認定者数の約48.5％）の大部分が新予防給付の対象になることによって，介護の総費用は抑制される予定である。制度を見直さない場合は7.2兆円なので7,000億円圧縮できることになる計算である。また，1人当たり保険料は月額3,900円（見直しを行わない場合に比べて400円低い）となる。さらに，2012〜2014年度では8.7兆円，月額4,900円（見直しを行わないと10.6兆円，月額6,000円）となる見通しである。

(8) 地域密着型サービスを創設し，事業者指定・指導監督は市町村長になる

　介護が必要な高齢者をできるだけ住み慣れた地域で支えるため，事業者指定・指導監督等の権限を市町村長が有する地域密着型サービスを創設する。地域密着型サービスに含まれるものは，認知症高齢者グループホーム，小規模（定員30人未満）介護老人施設，小規模多機能型居宅介護，認知症高齢者専用デイサービスなどである。地域密着型サービスについては，その市町村の高齢者のみが利用可能となるとともに，地域単位で必要な整備量を定めることができる。例えば，市町村は市町村介護保険事業計画に，市町村ごと，もしくは日常生活圏域ごとに認知症高齢者グループホームの必要利用定員総数を定めることができ，必要利用定員総数を超過した場合には，市町村は指定を行わないこととすることができるシステムになったのである。このことにより，現在，一部の自治体にみられるようなグループホームの過剰な整備は抑制されることになるだろう。

(9) 施設やサービス内容に関する情報公開を事業者に義務づけ

　2006年度からホームヘルプサービスや特別養護老人ホームなど7つのサービスで実施し，その後広げる予定である。事業所の職員体制，サービス提供時間，身体拘束廃止の取り組みなどが情報として開示される。併せて事業者規制の見直しが行われ，事業者指定の更新制導入や指定の欠格事由・取消要件の追加，都道府県・市町村による勧告・命令等の追加が行われ，事業者規制が強化される（資料5-8，5-9）。

(10) 要介護認定調査の見直し

　見直しの方向性として，初めて要介護認定に関する調査を受ける高齢者については，原則市町村が行う（ケアマネジャーなどの委託は認めない）。さらに，申請代行の制度も見直す。

■資料5-8　介護サービス情報の公表の義務づけ

```
┌─────────────────────────────────────────────┐
│              すべての介護保険事業者                   │
│ ┌─────────────────────────────────────────┐ │
│ │            《介護サービス情報》                    │ │
│ │ 介護サービスの内容及び運営状況に関する情報であって，要介護者等が適切 │ │
│ │ かつ円滑に介護サービスを利用することができる機会を確保するために開 │ │
│ │ 示されることが必要なもの(厚生労働省令で定める)。          │ │
│ │                                         │ │
│ │ ┌──《基本情報》──────┐ ┌──《調査情報》──────┐ │ │
│ │ │ ○ 基本的な事実情報であり，開 │ │ ○ 事実かどうかを客観的に調 │ │ │
│ │ │   示だけで足りるもの     │ │   査することが必要な情報  │ │ │
│ │ │ (例)事業所の職員の体制，サービス提供│ │ (例)介護サービスに関するマニュアル│ │ │
│ │ │   時間，機能訓練室等の設備，利用料│ │   の有無，身体拘束を廃止する取組の│ │ │
│ │ │   金　等            │ │   有無　等          │ │ │
│ │ └─────────────┘ └─────────────┘ │ │
│ └─────────────────────────────────────────┘ │
└─────────────────────────────────────────────┘
```

《基本情報》
○ 基本的な事実情報であり，開示だけで足りるもの
（例）事業所の職員の体制，サービス提供時間，機能訓練室等の設備，利用料金　等

《調査情報》
○ 事実かどうかを客観的に調査することが必要な情報
（例）介護サービスに関するマニュアルの有無，身体拘束を廃止する取組の有無　等

都道府県知事　又は　指定調査機関
（都道府県知事が指定）
○ 中立性・公平性の確保
○ 調査の均質性の確保

そのまま報告
（年に1回程度）

報告内容について事実かどうか調査

報告
（年に1回程度）

都道府県知事　又は　指定情報センター
（都道府県知事が指定）
《介護サービス情報を公表》
○ 基本情報及び調査情報を公表

参照

利用者（高齢者）
介護サービス情報に基づく比較検討を通じて，介護保険事業者を選択

〔出所〕資料5-1に同じ。

■資料5-9　事業者規制の見直しについて

```
1. 指定の欠格事由,指定の取消要件の追加
   サービスの質の向上と悪質な事業者の排除を図る観点から,
   ① 指定の欠格事由に,申請者の取消履歴,役員の取消履歴,犯罪履歴等を追加。
   ② 過去に指定を取り消されて一定年数を経ていない場合など一定の場合に該当するときは,指定をしてはならないこととする。

2. 指定の更新制の導入
   ● 事業者の指定に有効期間(6年)を設ける。
   ● 更新時に,基準への適合状況や改善命令を受けた履歴等を確認するので,基準に従って適正な事業の運営をすることができないと認められるときは,指定の更新を拒否できる。(現行も規則の指定申請について,同様の場合には拒否できる)

3. 勧告,命令等の追加
   ● 都道府県,市町村(地域密着型サービス)が,より実態に即した指導監督や処分を行うことができるよう,事業者に対する,①業務改善勧告,②業務改善命令,③指定の停止命令,④当該処分の公表,の権限を追加する。
```

〔出所〕資料5-1に同じ。

(11) ケアつき高齢者住宅の整備

　日本の高齢者向けの住宅には,軽費老人ホーム(ケアハウス),有料老人ホーム,高齢者向け優良賃貸住宅,シルバーハウジングなど多様に存在するが,欧米諸国に比べてケアつき高齢者住宅の不足が際立っているので整備する。

(12) 地域介護・福祉空間整備等交付金の設立

　2005年度から,これまでの使途が厳しい福祉施設整備費関係の国庫補助金に代わって,地域介護・福祉空間整備等交付金が設立された。地域介護・福祉空間整備等交付金は,都道府県に交付される分と市町村に交付される分の2種類存在するが,この交付金により,都道府県と市町村は交付金の範囲内で弾力的な執行が可能になったのである。市町村は「市町村整備計画」に基づき小規模多機能拠点,グループホーム,地域包括支援センター,痴呆専用

■資料5-10　地域介護・福祉空間整備等交付金の仕組み

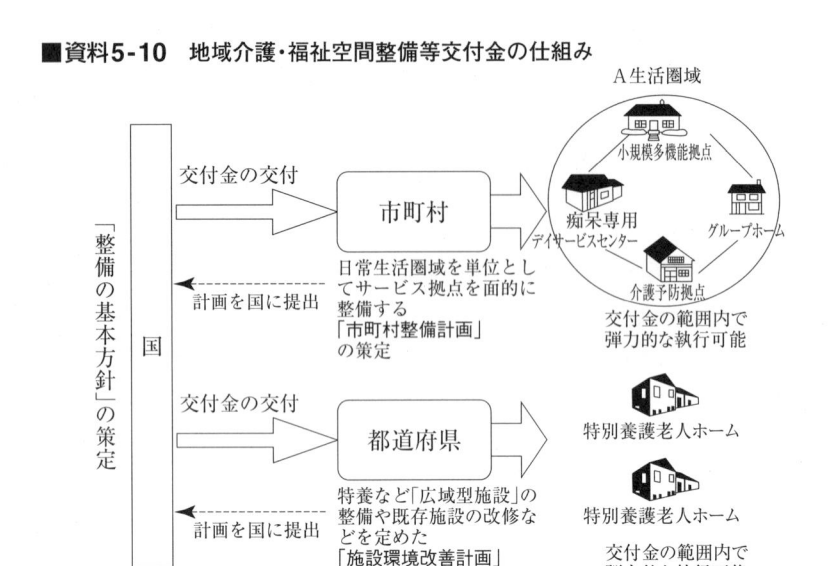

[出所] 資料5-1に同じ。

　デイサービスセンターなどを整備できることになり，都道府県は「施設環境改善計画」に基づいて特別養護老人ホームなどの「広域型施設」の整備や既存特別養護老人ホームの改修などを行うことができるようになったのである（資料5-10）。

　2005年度の市町村向けの交付金の内示状況は156自治体341件（うち介護予防拠点のみの計画が179件），内示額は53億8,600万円であった。市町村整備計画に記載された施設のうち，もっとも多いのが介護予防拠点476件，小規模多機能型居宅介護事業所153件，認知症高齢者グループホーム66件であった（2006年度以降に整備予定の施設を含む）。また，都道府県向けの交付金については，94自治体94件，内示総額803億8,000万円であった。市町村向けの交付金の採択に当たっては，65歳以上人口の増加率や65歳以上の1人暮らしまたは65歳以上の夫婦のみの世帯の割合，介護保険3施設（特別養護老人ホーム，老人保健施設，療養型病床群）と居住系のサービス施設の総定員に占め

る「要介護2」以上の認定者数の割合，サービス拠点相互の連携によるネットワーク形成がめざされているのかなどが採択指標としてとられている（前述の『全国介護保険・老人保健事業担当課長会議資料』）。

❺ 介護保険改正案の評価

　介護保険部会では，5年間の介護保険の問題点をかなりあぶりだして検討した。したがって，今回の改正案が財政対策優先である点は否めないけれども，評価できる施策も少なくない。ただし，どのような財源措置が講ぜられるかにより，改正案の成否が決まるといっても過言ではない。つまり，現在のところ，国の予算措置や第3期事業計画における介護報酬がどの程度になるのかが未定であるが，数値次第で，改正案の施策の効果は変わってくると思われるのである。以下，できるだけ財源問題と関連させながら，改正された介護保険を把握し，課題を抽出していきたい。

(1) ケアマネジャーに関する問題

　改正案では，ケアマネジャー1人の受け持つケアプラン担当件数を少なくすることや，ケアマネジャーの独立性を確保することによって，ケアプランの充実を図ることが言われている。医師との連携の強化などきめ細かい対応を行うには，ケアマネジャー1人の受け持つケアプラン担当件数は月30件程度がのぞましい。そこで，改正の趣旨それ自体は評価したい。ただし，介護報酬の大幅なアップや独立性を評価する仕組みの介護報酬にしなければ，その実現は難しい。担当件数が少なくなって，それに見合う介護報酬の引き上げがなされなければ，ケアマネジャーの収入が減ることになるからである。

　さらに，一部の自治体で成果をあげている公設ケアマネジャー制度をほとんどの自治体に拡充する必要があるだろう。改正案では，スーパーバイザー的ケアマネジャーの役割が重視されているのだから，一層，公設ケアマネジ

ャーの果たす役割は重要であると言えるのである。

(2) 地域包括支援センターの運営

　国,自治体の財源措置が充実しなければ,地域包括支援センターの充実と市町村責任強化は果たし得ない。これまで都市部を中心に,基幹型,地域型を問わず在宅介護支援センターを民間に委託するケースが多く,しかも,在宅介護支援センターのケアマネジャーのケアプランの作成収入を前提にして,最小限の財源措置しか行わず,ほぼ運営を「丸投げ」してきた自治体が多かった。そこで,職員1人体制のところや基幹型との連携が不十分な地域型の在宅介護支援センターが少なくなかった。これでは,介護保険のサービスや申請手続きの相談,療養相談,介護方法や生活相談などが本来業務である在宅介護支援センターの役割は薄まってしまう。もちろん,国の在宅介護支援センターへの運営補助金の仕組みに問題があり,自治体だけの問題にすることはできない。今後の課題は地域包括支援センターの設置について,これまでの在宅介護支援センターをそのまま衣替えさせれば基本的によいと考える自治体が多数ある点である。

　このような「丸投げ」が,地域包括支援センターにおいても行われるのであれば,地域包括支援センターの役割は本来的に果たし得ないだろう。直営ないしはそれに近い形(例えば,一部の自治体では,地域型の在宅介護支援センターを民間に委託してきたが,ケアプラン作成を求めず,本来の機能を果たすようにと2人分の人件費分を保障するなど一般財源を積極的に投じてきた。地域包括支援センターについても,このようなやり方を行うのであれば,地域包括支援センターは自治体政策の中にしっかりと根づくことになるだろう。直営に近い形とは「丸投げ」ではなく,このように自治体がしっかりと自らの政策に位置づけて民間委託する形態をさす)で地域包括支援センターの構築が行われなければ,多職種連携や制度横断的な支援などは果たし得ないだろう。また,自治体は地域包括支援センターとこれまでの在宅介護支援センターとの関係をいかに整理して考えるのかが問われている,と言え

るのである。

　ある自治体の民間の在宅介護支援センター関係者は「うちで保健師を募集しても、給与条件等で来ないだろうし、スーパーバイザー的ケアマネジャーの役割をうちに求めても、力量的に無理である」と述べている。地域包括支援センターは介護保険のコアの部分に位置づけられ、今回の改正案の目玉である。介護予防マネジメントは相当な専門性が必要だし、新予防給付対象者数はかなりの数に上る。少なくとも保健師配置などの国庫補助金や地方交付税措置があるべきだし、自治体の側も地域包括支援センターの設置と内容充実への積極的姿勢が求められる。そうならなければ、介護予防ケアマネジメントは事業所所属のケアマネジャーや保健師・看護師が対応することになるだろう。

　日本では中立型のケアマネジャーなどが大変少ない。もしも、地域包括支援センターを民間に運営委託する場合には、公正・中立の立場が確保されなければならない。つまり、介護予防サービス事業からの独立性を担保すること、市町村の責任を明確化することが必要なのである。また、職員体制の充実確保が図られなければならない。そこで、少なくとも、予防プランの作成の指定を受けた場合、同一法人には委託しないことが原則でなければならない。そうしなければ、改正案の理念と実態の乖離が早くも顕在化することになるだろう。

　また、地域包括支援センター運営協議会には、利用者や被保険者の意見がしっかりと反映されるようなしくみづくりが求められていると言える。

　なお、北海道庁は道内の全市町村（196市町村）を対象に地域包括支援センター設置に関する市町村の検討状況について調査を行っている。2005年11月1日時点で184市町村が回答を行ったが、地域包括支援センターの設置形態では市町村直営とすると答えた市町村が134存在し、全体の72.4％を占めた。他の都府県の動向が注目されるところである。

(3) 新予防給付の対象となった高齢者とこれまでの介護サービスとの関係

　新予防給付の対象となった高齢者は，今後，ホームヘルプサービスやデイサービスをどの程度使えることになるのだろうか。介護報酬や国・自治体の予算措置とも関連するのであるが，少なくとも2005年12月の段階においては，全体的な姿をはっきりとした形で見通すことはできない。とくに介護報酬が未確定なのが大きい。事業者の新予防給付サービスへの対応も介護報酬がどの程度になるのかによって変わってくると思われる。

　新予防給付対象者の利用限度額やサービス内容がどのようになるのか，また，対象者に対して家事代行を認めるのか，認める場合の対象者の範囲や利用期間などがどのようになるのかが注目される。デイサービスで高齢者個々の事情に合わせたサービス提供を行う，ホームヘルプサービスでヘルパーが高齢者の洗濯や調理を支援するなどが言われているが，かえってコスト増になる可能性もある。コスト増になればサービス提供量は抑制されることになるのではないか。さらに，介護保険財政の肥大化を抑えるということが介護保険制度改正の目玉の１つであることを考えれば，要介護度が軽度な高齢者の介護保険支給限度額の引き下げが行われる可能性が高いのではないか。そうなれば，これらの高齢者においては，これまで受けてきたサービスの抑制が進むことになるだろう。また，新予防給付の対象となる高齢者向けサービスの介護報酬が低くなる可能性がある。このため，軽度な高齢者のサービスを主に担う事業者，とくに社会福祉協議会の動向が注目される。ともあれ，高齢者の生活全般を考えていく視点を持つことが重要であり，高齢者の実態（家族構成，疾患の状態など）に則して予防プログラムをつくる必要があると言えるのである。

(4) ホームヘルパーの待遇改善問題

　ホームヘルパーだけではなく福祉施設で働く労働者も含めて，福祉労働者の賃金労働条件はよくない。現在，とくに労働条件が劣悪なのは登録型のホ

ームヘルパーである。株式会社に雇用されるのであれ，ＮＰＯに雇用されるのであれ，その待遇はいっこうに改善されていない。そこで，勤務が長続きしないなどの問題が生じている。ただし，同時に登録型のホームヘルパーの労働の質があまり高くないことも直視されなければならない。そこで，ホームヘルプサービスの質的向上と長期にわたって勤務できる体制をつくり上げるためにも待遇改善が必要になるが，それは資格制度などと関連づけて改善がなされなければならない。介護報酬の引き上げは当然必要になるが，一部の事業者を除けば労使関係が確立してない現状を考えれば，介護報酬引き上げ分のほとんどを事業者が取得する可能性が高い。筆者は，介護報酬の引き上げ分の一定割合（7割程度）はホームヘルパーの取得分にする必要性があると考える。

また，直行直帰型のホームヘルパーの勤務形態は，サービス提供のありかたとして望ましいものとは言えない。改善と見直しを検討する必要があると思われる。

さらに，ホームヘルパーに限らず福祉労働者の賃金労働条件を改善するには，介護報酬の引き上げが必要であるが，次のような悪循環の問題が横たわっている。つまり，介護報酬を引き上げれば介護保険料は高くなるし，利用者負担も上昇する。介護保険財政全体も肥大化の方向に進む。そこで，それを防ぐ必要があるが，そうなると介護報酬は抑制せざるをえない。この問題をどのように打開していくのかが中長期的な課題になっていると考えるのである。

(5) グループホームに関する問題

改正案に盛り込まれた地域密着型サービスの創設によって，グループホーム問題に一定の解決が図られることになるだろう。つまり，近年，特定の自治体に多数のグループホームが乱立し，しかも，当該自治体以外の住民が多数入居するケースが増え，当該自治体は困惑していた。グループホームは施設ではなく「家」のため，現行では，例えば，A町にあるグループホームに

B町の高齢者が入居した場合でも，介護にかかった費用はグループホームがある自治体（A町）の介護保険財政が負担する仕組みになっていた。そこで，グループホームが多数存在する自治体（A町）は，介護保険料を引き上げざるを得なくなるが，これにはもとからのA町住民の反発が予想されるため，当該自治体の困惑が大きかったのである。

　改正案では，事業者指定や指導監督などの権限が市町村長に属する地域密着型サービスが創設され，これまで権限が都道府県知事にあったグループホームも地域密着型サービスになったため，今後は，その自治体の住民のみが利用可能なものに転換し，過剰な整備は抑制されることになるだろう。そこで，グループホームにかかわる介護保険料問題は一定の解決に向かうことが予想されるのである。

　ただし，駆け込み申請が懸念されている。グループホームの過剰な整備を抑制する仕組みが施行されるのは2006年4月である。そのことを見越して2005年度中に認知症対応型共同生活介護の指定申請が急増することが予想されているのである。厚生労働省の心配は相当なものがある。「これにより（駆け込み申請により……筆者）指定事業者が急増した場合，現在各市町村で作成を進めている第3期介護保険事業計画での認知症対応型共同生活介護の適正な整備が困難になるとともに，各市町村での介護保険財政に影響を与えることが予想される」（『全国介護保険・老人保健事業担当課長会議資料』，161ページ，2005年9月26日）。2005年度末まで事業者の指定権限を有する都道府県と，2006年度から指定権限が移る市町村が，このような駆け込み申請にどのように対応していくのかが注目されるのである。

　なお，現在，グループホーム間のサービスの格差は大きい。サービスの充実しているグループホームは認知症高齢者のケアにおいて成果をあげている。サービスの質的側面を重視してグループホーム事業への参入を厳しくするとともに，グループホームはサービスの充実に努めなければならない。

(6) 地域介護・福祉空間整備等交付金の創設と特別養護老人ホームの建設問題

　自治体が社会福祉施設の整備を行う際には，これまで使い道が厳しく限定されていた国庫補助負担金が財源に充てられていたが，2005年度より従来の国庫補助負担金よりも使途が弾力化された地域介護・福祉空間整備等交付金が設立された。その意味では，自治体の支出の自由裁量権が増大したと言えるのであるが，問題点も噴出している。とりわけ，都道府県に交付される地域介護・福祉空間整備等交付金については課題が多く，特別養護老人ホームの建設の際に当該市町村の困惑が大きいという問題が出ているのである。そこで，第1章で述べたことのくり返しになる部分も多いが，この点について述べてみよう。

　交付金を受けるには都道府県は「施設環境改善計画」を策定し，国に提出しなければならない（資料5-10）。国は，「施設環境改善計画」書に記された対象事業（広域型施設の整備事業，例えば特別養護老人ホームの建設事業等）にかかる必要額を独自の算式に基づいて計算し，そのうえで各都道府県への交付額を決定する。しかし，交付金の総額には限りがあるため，各都道府県に交付される交付金額は，各都道府県が国に提出した計画書で求めた金額に比べて少なくなるケースが当然に生じる。

　また，交付金では，国は計画を精査したうえで交付金の総額を各都道府県に交付するだけであるため，交付金をどこの地域に重点的に配分するのか，どのような「広域型」の施設の整備事業に使うのかの判断は各都道府県に任されている。従来の国庫補助負担金であれば，市町村や社会福祉法人等は計画していた特別養護老人ホーム建設事業が採択された場合には，必ず事業費（国基準の事業費）の2分の1は国，4分の1は都道府県が負担していたために，市町村等の負担は事業費の4分の1でよかった。また，このため財政見通しもたてやすかった。ところが，交付金の場合は，都道府県の判断などによっては，市町村等の財政負担が増大して，特別養護老人ホームの建設事業がやりづらくなるケースが生まれる。

国庫補助負担金改革を考える際には，税源移譲だけではなく，交付金化もまた自治体の政策面での裁量を増やすものであり，検討されなければならない。しかし，上記のような交付金のケースでは，都道府県の裁量が増す余地はあるものの，それがかえって市町村にはプラスに働かない場合も出てくるのである。

　ただし，交付金には様々な形がある。地方分権を強化しようとした，1993年のフィンランドの財政改革で実現した省庁別補助金の限りない弾力化（包括補助金）も，交付金の1種である。また，近年，日本の公共事業関係においても交付金化がかなりなされてきたが，それは弾力化とはほど遠いものであり，限りなく補助金に近いものであった。しかし，このようなものもまた交付金の1つの形である。フィンランドの経常費に関する包括補助金には魅力があるが，そこまでいかない場合でも，どのような形の交付金が市町村自治に役割を果たすのかが，日本において，今後，検討されなければならないと考える。また，施設整備関係の事業における箇所づけの是非も交付金化との関係であらためて考察することが必要になっていると言えるだろう。

(7)　1号保険料と税制改正の影響

　近年の税制改正によって，年金課税の見直し（2004年度税制改正＝2005年度分所得税から公的年金控除の引き下げと老年者控除の廃止）と高齢者の非課税限度額の廃止（2005年度税制改正）が行われた。このことにより市町村民税非課税となる年金収入額は，2006年度より，夫婦の場合は現行の266万円から212万円に，独身の場合（寡婦，寡夫の場合）は266万円から245万円に，その他の独身の場合は266万円から155万円に引き下がる。そこで，市町村民税非課税から課税となる本人ならびに税制改正の影響で新たに課税となる者が同世帯にいる市町村民税非課税者の場合は，介護保険料の段階区分が上昇することになる。そこで，全体に課税層が増大することが見込まれるのである。実際，北海道のA市での試算では（現行の段階区分で試算），本人課税により保険料が2段階上昇する者（現行の第2段階が第4段階に上昇，年

間影響額は22,400円)がA市の高齢者全体の11.5％を占めるのである。また，本人課税により保険料が1段階上昇する者（現行の第3段階が第4段階に上昇，年間影響額は11,200円）が高齢者全体の5.4％，世帯員課税により保険料が1段階上昇する者（現行の第2段階が第3段階に上昇，年間影響額は11,200円）が，高齢者全体の1.7％存在するのである。

このような課税層の増加は，保険料基準額の引き下げ効果をもたらすことになるだろう。このため，市町村民税世帯非課税者の介護保険料負担は軽減されることになるだろう。とくに新第2段階になる高齢者は，保険料基準額の50％の保険料額になるため，保険料基準額の引き下げ効果と合わせて保険料負担が軽減されることになるだろう。しかし，年金収入が増加したわけではないにもかかわらず保険料の段階が上昇する高齢者の場合，増税と合わせて介護保険料の負担問題があらためて惹起されることになるのである。

なお，新第5段階と新第6段階の境界所得（基準所得金額）については，第3期の場合200万円が予定されている（『全国介護保険・老人保健事業担当課長会議資料』，2005年9月26日）。

(8) 施設給付の見直しといわゆる「ホテルコスト」（食費と居住費）の全額自己負担化

2005年10月から，施設（特別養護老人ホーム，老人保健施設，療養型病床群）の食費・居住費が利用者の全額自己負担とされた。すでに述べたように，所得により利用料が4段階に区分され，低所得の施設入所者の負担軽減が図られた。しかし，全額自己負担化の実施から3か月近くたった現在，課税が浮き彫りになっている。低所得者向けの軽減策の対象から外れているが，決して年金額が多くない高齢者が多数存在していることである。

例えば，次のようなケースは決して珍しいものではない。つまり，92歳の認知症の症状が目立つ「要介護3」の母親と暮らす高齢者世帯（夫71歳，妻70歳）のすべての年金収入が月額約20万円で，老人保健施設に母親が入所しているといったケースである。これまで月6万円かかっていたのが制度改正

によって月8万円かかるようになった。夫婦の生活状況も厳しいため，この夫婦の場合は，母親を老人保健施設から呼び寄せることも考えているのである。このような場合，年金額が少ない母親を別世帯とすることで，施設給付の低所得者向け軽減策を利用するケースもみられる。なるほど，このような世帯分離が行われれば，健康保険で扶養者扱いとならなくなるために保険料の負担が増える場合もあり，施設の利用料負担は下がっても全体の負担はあまり変わらない場合もある。だが，1つの利用者側の自己防衛策ととれなくもない。ともあれ，施設サービスだけではなく，在宅サービスも利用者負担の問題は課題である。中長期的には，年金水準，生活保護制度などとも関連づけて社会保障制度全体の改革の中で考えられなければならないが，行政は当面の対策としても，利用者負担の問題に真剣に取り組む必要があると言えるのである。

6 社会保障制度の抜本改革へ

　元気で長生きすることが高齢者にとってもっとも幸せなことである。また，高齢者が元気でありつづけることが，結果的には財政支出の抑制につながることになるから，その意味でも望ましい。そこで，若い時から予防に努め「自分でできることは自分でやる」自立意識が重要である。ただし，どうしても加齢とともに病気になりがちになるし，介護が必要になる可能性が高まるので，このような場合に備えた堅固なセーフテイネットが張られていなければならない。そのために，中長期的には次のような議論が国民的になされなければならない。
　まず，年金，介護，医療，生活保護，雇用などを相互に結びつけて議論することである。現在，国民年金未納者が増大している。生活保護制度では高齢者の受給者が増大し，これまでの「就労支援」だけでは対策にならなくなっている。また，雇用構造が大きく変わり，「所得の二極化」現象が生じてい

第5章 ▶▶▶ 介護保険制度の大幅見直しと介護財源問題

る。介護・医療では高齢化に伴ってますます保険財政の肥大化が進んでいる。そして，だれにでも等しく医療を提供してきたとほぼ言うことができる日本の医療保険制度の仕組みがゆらいできている。そこで，これらの社会保障制度を相互に関連づけながら，何を保険でやり何を税で行うのか，根本的に詰めた議論が大切である。

　例えば，厚生労働省は地域包括支援センターの運営費に介護保険料を充てる考え方を示している（「介護制度改革INFORMATION」vol.23, 厚生労働省介護制度改革本部，2005年5月24日）。背景には，厚生労働省予算が伸びない点や，ナショナルミニマムの正確な理解を欠いたまま一方的に主張される一部の税源移譲論などがあるため，厚生労働省は自前で確保できる財源（介護保険財政）を保持して施策展開したいのであろう。しかし，介護保険は保険ゆえに給付を担ったのであり，給付以外にも対象を広げるのならば介護目的税など税方式への転換を図ったほうがよい。

　次に，国民負担率（租税と社会保険料を合わせた負担率）の議論を真正面から行うことが必要である。国・地方の財政悪化や保険財政の悪化を改善するには，単なる歳出削減・行政の合理化や，当面の財政のつじつま合わせのために，例えば，20歳から介護保険料を徴収するやり方でよいとは思わない。ただし，財政改善の努力は根本的に必要である。自助型国家を選択するのではなく，充実した社会保障を目指すのならば，時代のニーズを踏まえた歳出削減を行うとともに，中長期的には国民負担率上昇は避けられないことを明確にする必要がある。

　国民負担率の先進国比較を試みれば，日本は民間主導型福祉の米国についで低い。イギリスやドイツ，フランスは日本よりも10～20ポイント高く，高福祉のスウェーデンはなお一層高い。西欧・北欧諸国では，日本よりも消費課税と個人所得課税のウエイトが高い。広い意味の福祉の充実を目指すのならば，近い将来，少なくとも国民負担率は50％を超えることが明確に国民に示されなければならない。「中福祉国家」であるドイツの高齢者比率は10％台後半で国民負担率は50％台半ばであるが，日本は2013年に4人に1人が高

齢者になるからである。さらに，日本は財政赤字の対国民所得比が米国や西欧諸国より高いからである。

　このような点を明らかにすることから，中長期の税制の在り方が国民的に議論できるようになる。例えば，消費税をどうするのか。個人所得課税と並んで間違いなく消費税の役割は大きくなる。そして，その点を明確にすることによって消費税改革が志向できる。複数税率の採用やインボイス方式への移行，簡易課税制度の見直しなどが現実味を帯びた提起になる。また，個人所得課税についても，累進度や課税最低限などの議論が，地方所得税創設や地方分権を論議の対象としながら検討されなければならない。また，「所得の二極化社会」での個人所得課税の在り方については，従来とは異なる視角が必要となるだろう。

　このような問題意識からの国民負担率に関する議論を経なければ，今後の日本は，自助型社会に流れてしまう恐れがあることを覚悟しなければならないだろう。増税をめぐる議論が，単に国の財政再建からのみ論じられることでは決定的に不十分なのである。

※追記

　第1章の追記で示したように，2005年11月30日の三位一体改革に関する政府・与党の協議会で正式に合意された2006年度分の国庫補助負担金削減額（6,540億円）のうち，厚生労働省分は5,290億円と全体の削減額の約8割を占めた。

　本章で課題が多いことを指摘した，都道府県に交付される地域介護・福祉空間整備等交付金は廃止され，税源移譲されることになった。これに対して市町村に交付される地域介護・福祉空間整備等交付金は引き続いて維持されることになった。このことにより入所定員が30人以上の特別養護老人ホームについては，都道府県の一般財源で建設されることになった。市町村分の地域介護・福祉空間整備等交付金は，グループホームや認知症専用デイサービスセンターなどの建設について市町村が交付金の範囲内で弾力的に執行可能なもので，今後の市町村による本格的な地域密着型サービスの展開がなされることを考えると，それが維持されたことは重要な意義があると言えよう。

　また，地域包括支援センターの運営費を含む地域支援事業についての財源には，各

種類の在宅福祉事業費補助金, 保健事業等負担金, 介護保険事業費補助金等を統合した地域支援事業交付金が充てられることが決定した。厚生労働省は, 地域支援事業を, 地方自治体の事務として未だ定着しているとは言えないため, 今後も引き続き国が関与して積極的に推進する必要がある事業として位置づけるとともに, その財源には従来の細分化された国庫補助負担金ではなく, 分野ごとの大括りな交付金へと再編統合した地域支援事業交付金を充てる方針を示していた。そして, 地域支援事業交付金490億円を2006年度概算要求していたのであるが, ほぼそのとおりになった。

　地域支援事業には, 介護予防事業 (介護予防スクリーニングの実施, 要支援・要介護になるおそれの高い者を対象とする介護予防サービスの提供や全高齢者を対象とする介護予防事業), 包括的支援事業 (介護予防ケアマネジメント事業, 総合相談事業, 権利擁護事業, 包括的・継続的マネジメント事業), 任意事業 (介護給付等費用適正化事業, 家族介護支援事業等) の 3 種類があるが, このうち介護予防事業についての財源構成は, 介護保険給付費と同じく, 1 号保険料19％, 2 号保険料31％, 国25％, 都道府県12.5％, 市町村12.5％とされた。包括的支援事業と任意事業については, 1 号保険料19％, 国40.5％, 都道府県20.25％, 市町村20.25％という財源構成になった。国, 都道府県, 2 号保険料については, それぞれ国, 都道府県, 社会保険診療報酬基金から, 地域支援事業交付金 (国, 都道府県) または地域支援事業支援交付金 (社会保険診療報酬基金) として, 市町村の介護保険特別会計に交付されることになった。

　市町村への地域支援事業交付金額の算定 (第 3 期, 2006～2008年度) は, 地域支援事業交付金の交付対象となる各市町村の地域支援事業費用額に基づくが, 地域支援事業の費用額の上限が定められ, 各市町村が介護保険事業計画において定める各年度の保険給付費見込み額に, 次のような率を乗じて得た額の範囲内とされている。つまり, 2006年度は2.0％以内, 2007年度は2.3％以内, 2008年度は3.0％以内とされているのである。

　なお, 国が交付する地域支援事業交付金は, 都道府県を経由するのではなく, 国から直接市町村に交付される。このため都道府県は国庫分を歳入予算に計上する必要はない。また, 介護予防事業と包括的支援事業・任意事業では財源構成が異なるため, 両事業間の流用は認められていない。

　このような財政フレームになっているため, 市町村は, 介護保険事業計画に当該市町村の地域支援事業の内容, 事業規模等を記載し, 地域支援事業に要する費用も勘案して 1 号保険料額を設定することになる。

　筆者は, 地域支援事業交付金の一部に介護保険料が充てられたことには反対である。地域包括支援センターの運営経費の大半を人件費が占めることになるのだから, 本来,

介護給付に充てられるべきものである介護保険料がその財源構成の1つになるのは賛成できないのである。また，新予防給付の対象となる「要支援1」「要支援2」の高齢者ばかりではなく，「要支援」でも「要介護」でもない高齢者を対象とした地域支援事業の財源にも，介護保険料が充てられるのも問題がある。このような介護保険料のなしくずし的な拡大使用は，介護保険をますます複雑なものにし，制度の出発点から乖離することになる。ただし，地域支援事業全体で考えた場合には，大括りな交付金とした点は，新しいナショナルミニマムの形成を図る必要性の観点から評価できる。

第6章 近隣政府と住民自治

1 近隣自治論議の活発化

　近年，近隣自治論議が活発化している。その背景として，次のようなことが考えられる。つまり，1990年代以降，地方分権論議が進められる中で，とくに人口規模が大きい都市になるにしたがって，行政と住民の間の乖離が大きい現実が浮き彫りにされた。そこで，住民自治と地方分権を進めるためには，住民と行政との協働のシステムづくりが重要な課題であることが明らかになってきた。そのような中で，住民によるコミュニテイ形成の動きや，基礎自治体よりもさらに狭域の単位に一定の権限の移譲を行う「自治体内分権」の動きが進められる必要性が生まれてきた。

　実際，地域の間で差はあるものの，そのような動きが進んできてもいる。横浜市や神戸市などの政令指定都市において行政区への分権の動きが行われている。さらに，このような動きは政令指定都市には限らない。数年前に筆者が調査した沖縄県読谷村では，集落単位に存在する地区公民館（約20ある）を活用したミニデイサービスが盛んであるが（ミニデイサービスの利用者は，要介護の状態ではないが，老人クラブなどで活発に活動するほど元気ではない後期高齢者が多い），運営費の一部を行政が補助金として支出する一方で，運営は地域にまかせ，地域住民による主体的かつボランタリーな取り組みが行われている。さらに，後に詳しく述べる福島県飯舘村においても，住民のアイデアを生かしながら，住民自身が考えた集落単位の事業展開が行われている。飯舘村では，行政は事業費への補助金支出は行うが，基本的にどのよ

うな事業を行うのかについては集落にまかせているのである。基礎自治体よりもさらに狭域の単位の自治は，今後の地方自治を考える際に重要になるだろうと考える。

　このような近隣自治を考える際のキーワードの1つが「近隣政府」（neighborhood government ネイバーフッド・ガバメント）であると言ってよいだろう。近隣政府は，近年の地方分権の潮流の中で，今後の住民自治や近隣自治のありかたを考えるうえで1つの選択肢として出てきたものである。近隣政府についてのまとまった考え方を提起したのは，日本都市センターの報告書『自治的コミュニティの構築と近隣政府の選択』（2002年3月，以下『報告書』と略す）である[1]。日本都市センターでは寄本勝美早稲田大学教授を委員長とする「市民自治研究委員会」を発足させ，2年間かけて調査研究に取り組み報告書をまとめた。以下，研究会の事務局を担うとともに，研究会の中心的なメンバーの1人でもあった武岡明子氏（日本都市センター研究員）の論文「自治の単位と近隣政府」『月刊自治研』2002年8月号）も参照しながら，『報告書』の考察を行い，近隣政府について検討することにしたい[2]。

❷「自治的コミュニティ」と「近隣自治政府」

　「市民自治研究会」の自治体アンケート調査（全国の市・特別区および都道府県のコミュニティ政策担当課長を対象に，2000年度と2001年度に実施）では，コミュニティを新しい視点で見直そうとしている自治体が多かった。アンケート調査によれば，従来の自治体のコミュニティ政策の重点は，住民同士の親睦をはぐくんで連帯感・自治意識を醸成する点におかれていたが，現在は，地域福祉・介護や環境問題（資源リサイクル，環境保全など），防災・地域の安全等の個別のテーマや地区単位の総合計画および土地利用計画・都市計画への対応が重視されつつあるようである（ただし，住民同士の連帯感・自治意識の醸成を重視する考え方も，依然として比重が高い点にも注意

する必要がある)。そこで，『報告書』では，コミュニティを住民自治の視点からとらえ直して，これまでの自治体のコミュニティ政策の新たなステージとして，「自治的コミュニティ」という言葉をキーワードとして使うのである。「自治的コミュニティ」の定義は，「親睦的活動のみならず，地域住民による自治の視点から，住民が地域の諸課題を自主的に解決し，地域の共通課題にかかわる政策の形成・決定・執行を自ら担うコミュニティ」である。

そして，このような「自治的コミュニティ」の視点を踏まえて，近隣政府が提起される。すなわち，近隣政府とは，「基礎自治体の一部の地域において，住民主体で，かつ基本的に地域住民全員を構成員として創設され，地域の問題・課題について議論し，方策を決定し，さらには執行までを実施する，近隣自治のための小さな政府」である，と。そして，近隣政府を考える際，コミュニティの状況は地域によって異なることから，近隣政府のイメージを幅を持って提言している。

つまり，『報告書』では，近隣自治の仕組みの類型として，ＡとＢの2タイプをあげる。Ａタイプは住民参加・協働型で，今日，全国各地で展開されてきているものである。住民自治組織等と行政との参加・協働のシステムで，コミュニティ協議会，市民・区民委員会，自治会・町内会系組織，まちづくり協議会等の機能の一層の強化等を図ろうとするもので，行政サイドにおけるそのバックアップと住民活動とのリンケージを実質的に図ることに重点がおかれるタイプである。

Ｂタイプは近隣政府型で，さらにその中が2つに分けられる。1つは，都市内分権推進の視点に立脚して，政令指定都市の行政区や基礎自治体の支所・出張所における住民参加の仕組みを制度的に強化する方法をとるもので(近隣自治政府移行型)，もう1つは，狭域の場における共通課題の共同処理の在り方を狭域の場で考えて決定するという「決定機能」に着目し，その決定に関して，民主的正統性が確保される類型である。このタイプは，住民総会または住民代表機関としての議会(直接選挙または市議会による選出等)を有するので，自治体に準じた自治権を有するシステム，つまり「準自治体」

ないし「近隣自治政府」とも言うべきものであり，基本的に独立した法人格が付与されるタイプである（近隣自治政府型）。近隣自治政府移行型は，Ａタイプからの移行形態であって，かつ近隣自治政府への前段階のものという位置づけになっている。

先に指摘したように，『報告書』では，近隣政府を幅を持って定めている。というのは，すべての基礎自治体が近隣政府をつくる必要性があるとは限らないからである。あくまで『報告書』では，新しい近隣自治の仕組みにおける選択肢の１つとして近隣政府が提起されているのであり，近隣政府を創設するのか否か，創設する場合にはどのようなタイプの近隣政府を創設するのかについては，基礎自治体や住民自身の判断にかかっているのである。

『報告書』における近隣政府の提言は，『報告書』に深くかかわった日本都市センター研究員の武岡明子が述べるように，「やや時期尚早であることは認めつつ，いわば問題提起として行ったものである」（武岡明子「自治の単位と近隣政府」，『月刊自治研』2002年8月号）。

❸ 市町村合併と近隣政府

2004年5月19日の参院本会議で，いわゆる合併特例法関連の３法（「市町村の合併の特例等に関する法律」，「市町村の特例に関する法律の一部を改正する法律」，「地方自治法の一部を改正する法律」）が可決され成立した。この３法の可決・成立は，現行の合併特例法が2005年3月末で期限切れになることを受けて，その後の市町村合併を推進するために行われたもので，内閣総理大臣の諮問機関である第27次地方制度調査会の最終答申（2003年11月13日）を基礎にしている。

「市町村の合併の特例等に関する法律」（いわゆる合併新法）の中身は，３万人市の特例と合併特例債の廃止，地方交付税の合算特例の縮小，合併特例区の創設などであるが，本章との関連では合併特例区が注目される。合併し

た自治体は「1または2以上の合併関係市町村の区域であった区域」を単位として（地方制度調査会の最終答申では「合併前の旧市町村単位」），法人格を有する区（合併特例区）を5年間設置できることになった（地方制度調査会の最終答申では「一定期間」）。そして，区長と合併特例区協議会をおくことができるが，公選とはしない。また，課税権や起債権はない。住居の表示にはその名称を冠することが可能である。また，合併特例区は，「市町村の特例に関する法律の一部を改正する法律」によって，現行の合併特例法においても規定される。

　この合併特例区と並んで注目されるのが，地域自治区である。地域自治区は，「地方自治法の一部を改正する法律」によって規定された。つまり，地方自治法の改正によって，市町村は市町村内の一定区域を単位とする地域自治区を自らの判断で設置できることになった。つまり，地方自治法の第7章において，地域自治区は，「市町村長の権限に属する事務を分掌させ，および地域住民の意見を反映させつつこれを処理するため，条例でその区域を分けて定める区域ごとに設けることができる」とされたのである。地域自治区は，法人格を有さない。また，地域自治区には区長をおくことができるとともに，地域協議会を設置できる。その構成員は市町村長が選任し，任期は4年である。地域協議会は地域の意見を取りまとめて行政に反映させる。さらに地域自治区には事務所が設置され，市町村の事務分掌が行われる。

　今回の改正で最重要なのは地域自治区の創設であろう。5年間という期限がつき，しかも市町村合併を推進するための1つの手段になっている合併特例区とは異なり，地域自治区は，今後の市町村内分権や近隣自治を考えた時，重要な意義があると言えるのである。もっとも，この地域自治区も，市町村合併を進めるための方便になっている側面があることを見逃してはならない。2002年秋から2003年夏ごろにかけて，いわゆる「西尾私案」に対し，町村の激しい反発や厳しい批判が行われたことは記憶に新しいが，その中で，町村の反発を和らげ，合併に向かわせるために，地域自治組織をめぐる議論が加速していた事実が紛れもなくあったからである。地方自治法に地域自治区を

盛り込むことになった背景が直視されなければならないのである。

　にもかかわらず，地域自治区が重要であることを筆者は認める。というのは，中長期的には，明らかに，住民自治の拡大深化が求められ，近隣自治の議論が重要になり，近隣自治の仕組みの構築が必要であると考えるからである。また，先にも指摘したように，実際，都市を中心に「都市内分権」の議論が進むとともに，大都市とくに政令指定都市の一部において行政区への分権化の動きがみられ，一部の市町村においても，市町村合併とは関係なく，この間市町村内分権を進めてきた実績があるからである。今回の地域自治区は，『報告書』の言うような近隣自治政府には遠いものかもしれない[3]。しかし，地域の実情の相違はあるものの，今後，基礎自治体は，近隣自治の仕組みづくりや，近隣自治の仕組みにおける選択肢の1つである近隣政府について，検討していく必要があるだろう。

　また，それだけに，近隣自治や近隣政府が，市町村合併推進の方便として使われるのであればナンセンスと言わざるを得ない。住民組織の力量，自治会・町内会が当該基礎自治体で果たしている役割・機能，自治会・町内会と住民活動団体などとの関係（町内会や既存の公益団体とＮＰＯとの対立が激しいのか，良い関係がとりむすばれているのかなど），基礎自治体のまちづくりへの問題意識と力量，近隣自治への住民のニーズや必要度などを考慮しながら，合併市町村が近隣自治の仕組みづくりを慎重かつ丁寧に検討するのならともかく，市町村合併推進と合併反対住民の懐柔のために安易に近隣自治や近隣政府が持ち出されるのならば，まちづくり，とくにコミュニティを重視したまちづくりには決してならないだろう。第一，財源の問題からの制約もある。合併してもしなくてもその地域にいく地方交付税などの財源が同じであるなら合併がらみの近隣自治や近隣政府も機能する可能性もあるが，地方交付税の合算特例に端的に現われているように，合併した場合には，合併後10～15年後には合併しない市町村よりも地方交付税などの財源は少なくなる。合併は何よりも行政効率化が第一の目的であるのだから，合併と連動するような近隣自治や近隣政府には，どうしても限界があるのである。近隣自

治や近隣政府は市町村合併とまったく無関係ではないけれども，市町村合併を前提とした仕組みとしてではなく，住民自治の拡充に向けた中長期的な取り組みとして，注目する必要があるのである。

4 福島県飯舘村にみる狭域自治と自治体内分権(1)
―飯舘村と市町村合併

　これまで自治体は地域の実情をふまえながら，自治体内分権の取り組みを行ってきた。もちろん，自治体の中で取り組み方の温度差は大きい。積極的に行ってきた自治体もあるし，ほとんどそのような取り組みをしてこなかった自治体もある。本節では，狭域自治と自治体内分権を具体的に検討するために，集落自治や住民参加を積極的に進めてきた福島県飯舘村の事例を検討してみよう。さらに，飯舘村が市町村合併にどのように望んでいるのかについても考察しよう。

　飯舘村は福島県の地域区分から「浜通り地域」に属し，県の東北部，阿武隈山系北部の丘陵地帯に広がる標高220～600メートルに生活基盤を持つ農村である。したがって，「浜通り」地域には属しているが，海（太平洋）に面してはいず，海に面している最寄りの自治体（原町市）から40キロメートルも内陸部に入るところに位置している。1956年に旧大舘村と旧飯曽村が合併して現在の飯舘村になったが，現在の人口は6,963人，世帯数は1,760世帯である（2002年4月現在）。1955年の合併当時の人口は11,403人で世帯数は1,809であったから，世帯数はあまり変化がみられないが，若者の村外への流出が進んで人口数は39％減少していることが把握できる。1976年以降ずっと，過疎法に基づく過疎地域指定を受けている。

　基幹産業は農業（水稲，畜産，葉たばこ）であるが，近年は，野菜，花栽培にも力を入れ複合経営が目指されている。また，飯舘牛のブランド化に村をあげて取り組んでおり，肥育実証を兼ねた振興公社（飼育センター）を設置している。第2次産業も発達しており，就業人口数では第1位（第2位は

第1次産業）である。地元産の御影石の石材業は主力産業の1つだし，精密器具製造，縫製，弱電，建設関係の事業所の生産が伸びる傾向がみられる。これに対して商業は，住民の近隣市町村での購買が年々増加傾向にあり，今後の対策が必要になっている。

飯舘村の財政をみてみると（2000年度決算），歳入合計は48億7,800万円で，地方税の構成比は9.3％，地方交付税の構成比は53.1％である。財政力指数は0.18，公債費負担比率は18.3％，地方債現在高は41億4,800万円（うち政府資金が36億2,000万円），積立金現在高は全部で17億6,000万円（うち財政調整基金は6億8,000万円）である。

市町村合併については，飯舘村は住民の意見を聞く機会を積極的かつ多様に設けてきた。村では，合併を「目的」としてとらえるのではなく，住民が村・地域をみつめ直す機会としての「手段」としてとらえ，住民の意見をできるだけ合併の意思決定に反映しようと，2001年6月から2002年8月までの間に，「市町村合併問題を考える村民集会（村民勉強会）」を9回開催し，さらに，2002年10月から12月にかけては地区懇談会を7地区で実施した。村民集会と地区懇談会出席者数は延べ1,345人にのぼっているが，青年層の議論への参加が少ない点が難点であった。

飯舘村の市町村合併の動きは，めまぐるしいものがあった。当初，飯舘村は相馬郡内の4町村（小高町，鹿島町，新地町，飯舘村）と2つの市（原町市，相馬市）とで任意合併協議会を形成したが（2003年1月），任意協議会は同年7月に解散した。その後，飯舘村は原町市，鹿島町，小高町と南相馬法定合併協議会を形成することになるが（2004年2月），2003年12月に行われた3市町との合併の是非を問う住民投票では反対が約53％を占めたこと（ただし，法定合併協議会に参加した）などの事情などから，村長は合併協議から離脱を表明し（2004年9月7日），合併協議からの離脱に慎重な議会と対立した（議会は協議会離脱案を否決，2004年9月17日）。しかし，合併協議存続を求める議会との関係もあり，飯舘村は4市町村での合併協議を継続することになったが，2004年10月17日に行われた村長選挙で単独自立移行の

村長が再選され，2004年11月15日に，飯舘村は合併協議から離脱したのである。

では，なぜ，飯舘村が市町村合併をめぐって，上記のような複雑な立場をとったのだろうか。市町村合併を躊躇する要因が多数みられる点が着目されるべきである。

まず，飯舘村の地理的位置関係の問題である。飯舘村以外の3市町が太平洋に面する自治体であり，飯舘村が山間地なのに対して飯舘村以外の3市町は平坦地である。したがって，標高も違うし，気候も風土も異なる。飯舘村以外の3市町は除雪の必要がないし，スクールバスもいらない。冷害対策なども飯舘村では必須条件である。さらに，飯舘村以外の3市町にはJR（常磐線）が走っており，相互に行き来するのに便利であるが，飯舘村は，原町市から40キロメートル離れ交通条件がよくないために孤立気味である。合併した場合，地理的位置との関係で，「飯舘村だけがつまはじきにされるのではないか」という懸念が，どうしても出てくるのである。

第2は，第1の理由とも関連するのであるが，飯舘村が合併してできた新市の中では周辺地域に陥ってしまい，そのことによって，大幅な人口の減少が進むことが懸念されている点である。実際，「市町村合併問題を考える村民集会」では，住民から，昭和の大合併で合併した相馬市の玉野地区，浪江町の津島地区，合併しなかった葛尾村を引き合いに出しながら，いずれも人口数が減少しているものの，玉野地区や津島地区が合併後急激に人口が減少したのに対し（1965年から2000年にかけての減少率は，玉野地区44.9％，津島地区52.8％），合併しなかった葛尾村の人口減少率（36.9％）が玉野地区や津島地区よりも低かった点が指摘され，合併した場合には飯舘村が新市の周辺地区になってしまい，玉野地区や津島地区と同じ轍を踏むのではないかという懸念の声が出されたのである。

第3に，飯舘村は，相馬地方の市町村との付き合いが多かったとはいうものの，飯舘村の八木沢地区が原町市，大倉地区が相馬市，二枚橋地区が福島市との交流が多く，それぞれの地区で生活圏が異なっている。このことも，

合併を躊躇させることにつながっているのである。

　第4に，4市町村の産業構造の相違である。飯舘村以外の3市町では，第1次産業の就業人口数の割合が少なく，6.6%の原町市以外はいずれも10%台なのに対し，飯舘村は第1次産業の就業人口数が多く，その割合は31.79%である。農業を基盤とする自治体は飯舘村だけであり，飯舘村以外の3市町と飯舘村の産業構造は極端に異なっている。合併が実現したら，農業面の政策がおろそかにされるのではないかと心配されているのである。

　第5は，飯舘村と3市町とでは，財政状況が異なっている点である。財政力指数は，原町市0.91，鹿島町0.39，小高町0.41，飯舘村0.18となっており，飯舘村のみが地方交付税の歳入総額に占める割合が50%を超えている。公債費負担比率は，飯舘村が18.3%と高くなっているが，他の3市町は比較的低い（原町市10.4%，鹿島町8.6%，小高町12.5%）。

　第6は，次の5で詳しく述べるが，飯舘村は，村民参加と地区からの積み上げ方式で地域づくりを行ってきた。このような全国的にも注目されるユニークな実践が，合併によって消え失せてしまう恐れがあることが懸念されている。狭域政策，住民参加，集落自治が進んでいるからこそ合併を選択しないことにつながったのではないかと思われる。

5　福島県飯舘村にみる狭域自治と自治体内分権(2)
―集落自治の仕組みと狭域政策

　飯舘村では，住民参加が進んでいる。つまり，飯舘村は，第3次総合振興計画（1983年策定），第4次総合振興計画（1994年策定）を，村民のあらゆる階層の参画によって策定してきた。また，村の主要問題等についても，いわゆる「役人の机上のプラン」や民間コンサルタントまかせを廃止し，村民の参画や，とくに青壮年や若い女性の参加を重視してきた。また，「いいたて夢想塾」，「若妻の翼」による活動，「いいたて農の大地に生きる会」など，村民の自主的な活動が活発である。こうした活発な住民活動や住民参加は，集

落自治と密接に結びついている。以下，飯舘村の自治体内分権の仕組み，つまり集落自治の中身について検討することにしよう。

　飯舘村には20の行政区がある。そして，行政区を単位とした地域づくり運動（新農村楽園推進事業・地域づくり事業）を1995年度から実施してきた。つまり地区の主体的な事業に対し，1地区当たり1,000万円を限度として村が補助金を交付して，地区住民が地区のニーズを調べながらアイデアを出し，事業展開を行っているのである。この地域づくり運動は，現在，約10年が経過して成熟してきた。そこで，この行政区を単位とした地域づくり運動は注目されるので，やや詳しく述べてみよう（資料6-1を参照）。

　まず，各地区から事業案を提出してもらい，この事業案を審議するために，行政区の代表などで構成する「地区計画協議会」が組織される。次に，「地区計画協議会」では，提出された地区別計画や，同計画に変更，追加がある場合の承認のほか，特定の住民の利益になっていないかの審査も行われる。そして，「地区計画協議会」の承認が得られれば，村から助成金が支出される。助成金額は1行政区当たり1,000万円以内であるが，事業計画策定費100万円（事業費の10％以内），事業実施助成分900万円（事業費の90％以内）が目安とされている。地区別計画の事業完了年度は2004年度であるが，村は，1995年度から2004年度までの10年間で，ふるさと創生事業の1億円と地方交付税の一部を財源に2億円を予算化している。

　地区別計画において，地区の産業振興や文化財の保護，環境保全，福祉の充実など各行政区の取り組みは本格化してきている。地区別計画はソフト事業が原則だが，ソフト事業を行うために必要な施設整備についても，「地区計画協議会」の承認を受ければ行うことができる（資料6-2）。草野，蕨平の両地区は「ミニデイサービス」を設置する事業費の一部に助成金を充当した。蕨平地区では廃校になった小学校を地区の集会所に改造したが，太陽光システムの浴場を備えた。佐須地区では，創作太鼓「虎捕太鼓」を創設し，地域の子どもたちに太鼓とふれあう場を設けた。学校完全週5日制における子どもたちの受け皿対策としても期待が寄せられているのである。また，前田地

■**資料6-1　地区別計画の進め方について**

■実施計画の基本的な考え方
1．実施計画は原則として『第４次総合振興計画・地区別計画』の内容に添って策定してください。
2．実施計画の策定及び計画に基づく具体的事業は複数の行政区が共同で実施することができます。
3．全体計画がなかなかまとまらない場合，当面，決定しているものだけについて計画を取りまとめ，事業に着手することができます。
4．実施計画を策定した後，地区のさまざまな事情により計画を追加，変更する必要が生じた場合は，『地区計画協議会』の承認を受ければ，追加，変更することができます。

■事業実施の基本的な考え方
1．地区別計画はソフト事業を原則としますが，ソフト事業を行うために必要な施設整備（ハード事業という）については「地区計画協議会」の承認を受ければ，行うことができます。
2．事業実施に対する助成金は，各年度ごとに所定の手続きに従ってお支払いします。

■予算措置
1．地区計画助成額1,000万円は，実施計画策定費100万円（事業費の10％以内），事業実施助成分900万円（事業費の90％以内）を目安としています。
2．複数の行政区が共同で実施する事業については，事業費の100％を助成することができます。
3．計画策定にかかる費用のうち会議費（食料費）の割合は20％以内としてください。

■計画の進め方
1．地区別計画の事業完了年度は，2004年度（2005年３月末日まで）です。
2．地区別計画の主体は地区の皆さんですので，地区住民全体の理解と参加の下に実施してください。

■執行上の留意点
1．視察研修費について
　①１泊２日の場合は，宿泊費及び飲食費の合計額は一人当たり17,000円が助成限度額です。
　②日帰りの場合は，昼食等の飲食費は一人当たり2,600円が助成限度額です。
2．実施計画策定にかかる費用のうち，日当（会議に出席した人に対する報酬）に類する費用は助成の対象となりませんので，ご注意ください。
3．神社や参道の整備，葬儀用備品等，宗教に直接関連する事業には助成できません。

〔出所〕福島県飯舘村資料。

■資料6-2　地区別計画推進状況一覧表

（2002年3月29日現在，単位：円）

行政区	1995〜2001 事業費	1995〜2001 助成費	主な事業の内容	補助金ベース認定額
草野	7,260,488	6,331,000	会館増改築等	10,000,000
深谷	2,765,835	2,475,000	伝統芸能保存，地区内環境美化	8,100,000
伊丹沢	7,309,662	6,575,000	記念植樹等，公園整備	8,595,000
関沢	2,918,361	2,570,000	伝統芸能保存等	9,248,000
小宮	4,991,021	4,487,000	交流事業，案内板等設置	8,730,000
八木沢芦原	6,349,410	5,713,000	情報機整備等，公園整備	10,000,000
大倉	2,328,014	1,948,000	視察研修等	9,270,000
佐須	4,919,281	4,334,000	創作太鼓等	9,252,000
宮内	8,868,653	7,780,000	ふれあい施設整備等	8,520,000
飯樋町	2,569,049	2,034,000	公園整備，伝統芸能保存	9,766,000
前田八和木	8,296,655	7,114,000	交流事業等	8,460,000
大久保外内	1,272,324	1,139,000	伝統芸能保存	8,901,000
上飯樋	6,828,050	5,911,000	伝統芸能保存，コミュニティー活動促進	8,865,000
比曽	6,982,250	6,274,000	ミニ公園整備等	9,000,000
長泥	10,163,797	8,885,000	伝統芸能保存等	10,000,000
蕨平	11,902,359	10,000,000	デイサービスセンター	9,999,000
関根松塚	7,478,524	6,533,000	地区公園整備，集会所周辺整備	9,673,000
臼石	3,082,232	2,742,700	盆踊り保存	2,430,000
前田	8,730,686	7,852,000	直売施設設置	9,495,000
二枚橋須萱	6,140,173	5,493,000	公園整備等	8,280,000
計	121,156,824	106,190,700		176,584,000

〔出所〕資料6-1に同じ。

区では，交流広域の場として「ふれあい茶屋」（直売施設）をつくった。休憩施設としての利用の他，竹炭をつくって販売したり，地元で取れた新鮮野菜を直売したりして主に村民の憩いの場として活用されているのである。

　さらに注目されるのは，飯舘村が，20の行政区ごとに将来の人口推計をつくり，集落政策をどのように構築するかを模索している点である。2001年11月に出された「飯舘村村民企画会議報告書─集落機能を考える─」は次のように述べている。「市町村合併は手段であり，最終目的は将来の村づくりにあるものととらえ，人口推移と高齢化比率の推移により集落機能のあり方を分析し，日常生活をするうえで望ましい集落環境が経済性だけではなく，過疎問題の本質まで議論が及ぶことを期待して（いる……筆者）」とするのである。行政区ごとに将来の人口を推計した自治体は全国的にも希有であり，それだけ集落政策の重要性を飯舘村が強く認識していることを示している。単純に行政区の人口の減少→集落移転政策→市町村合併とはいかないことを，飯舘村はメッセージとして発していると言えるだろう。

注

1) なお，日本都市センターでは，2002年度に「近隣自治研究会」（委員長寄本勝美早稲田大学教授）を発足させ，「市民自治研究委員会」の行った研究成果をふまえたうえで，2002年度，2003年度の2年間で近隣政府について，主に法制度面からの分析を行い，それに基づき，日本に近隣政府を導入するための具体的な制度設計の検討を行っている。その最終報告書は『近隣自治の仕組みと近隣政府─多様で主体的なコミュニティの形成をめざして─』として2004年3月に刊行されている。

2) なお，寄本勝美氏は「近隣」とはどの範囲を示すのかについて次のように述べている。「『近隣性』とは，ある一定の地域を基盤として活動を行うということである。近隣政府は，少なくとも，市町村の区域よりも小さな地域を基盤とするものと位置づける。具体的には，……(中略)……，『近隣』を『コミュニティの形成を促すために適切な区域』としてとらえ，小学校区または中学校区程度の区域を念頭に置いている」（寄本勝美「近隣自治と近隣政府」，『近隣自治の仕組みと近隣政府─多様で主体的なコミュニティの形成をめざして─』9ページ，2004年3月，日本都市センター）。

3）大石田久宗「近隣政府の制度設計」『近隣自治の仕組みと近隣政府―多様で主体的なコミュニティの形成をめざして―』，99～100ページ，2004年3月，日本都市センター。

第7章 新しい児童福祉施策としての三鷹市「子ども家庭支援センターすくすくひろば」

1 はじめに

　日本においては，1人の女性が一生の間に生む子どもの数，つまり合計特殊出生率は年々減少し続け，2004年の合計特殊出生率は1.29と過去最低となった。西欧諸国の中での「少子国」であるドイツ，イタリアなどでは，少子化傾向に歯止めがかかりつつあるが（ドイツは1994年の1.24，イタリアは1997年の1.18が底），日本では少子化に歯止めがかかっていないのである。そして，厚生労働省の推計では，日本に住む日本人についてみたとき，2005年に生まれた子どもの数が死亡者数を1万人下回り，人口の自然減が始まった（『朝日新聞』2005年12月23日朝刊参照）。さらに，2005年10月1日実施の国勢調査の速報値では，日本の総人口は1億2,775万7,000人で，2004年10月時点の推計（1億2,777万6,000人）を1万9,000人下回った。国勢調査人口は日本に住む日本人のほか，日本に住む定住外国人を含むが，海外移住や外国人の定住などの社会的出入りを含めても人口減少が明らかになったのである（『朝日新聞』2005年12月27日夕刊）。日本人の人口は明治以降増えつづけてきたが，大きな転換点をむかえたと言ってよいのである。とくに，宮城県をのぞく東北地方の各県の人口減少は深刻で，秋田県では2000年調査に比べて今回の速報値では，実に3.7%減少しているのである。また，人口の高齢化が進み，2013年にほぼ4人に1人が65歳以上人口となる見込みである。過疎地域では，現在においても高齢者比率が40%を超えている市町村が存在し，高齢化問題は深刻さを増している。今後，少子・高齢化の動きはより一層進展していくもの

と考えられ，地域においても経済面，雇用面，社会保障面，教育面等，様々な影響が懸念されることから，地方自治体としてもその対策が急がれている。

これまでも，国，都道府県，市町村のそれぞれが，この少子・高齢化を社会問題として認識し，高齢者福祉や医療の充実，高齢者雇用対策，学校教育の充実，保育所の整備，バリアフリーのまちづくり等，様々な面から取り組み，対策を模索しているが，残念ながら解決への決定打となっていない状況である。

本章では，少子化の問題に焦点を当て，このような現状を地方自治体としてどのように打開し，子どもを生み育てやすい環境づくりへと結びつけていっているのかについて検討したい。これまでの少子化対策は，育児休業制度や介護休業制度の充実，保育所の整備など，働く女性向けの施策がほとんどであった。本章では，新しい少子化対策の試みとして，専業主婦の子育て支援に取り組む東京都三鷹市の「子ども家庭支援センターすくすく広場」を取り上げることにする。子どもを産み育てやすい環境づくりをどのようにつくりあげるのかが少子化対策の基本であると考える。だとすれば，働く女性だけではなく，専業主婦の子育て支援もまた，今日重要な意義をもつと考える。専業主婦の子育てをとりまく環境は，核家族化の進行，地域の紐帯の希薄化，夫の厳しい労働環境など，とくに大都市の専業主婦中心に悪化している。そこで，日本における先進事例として三鷹市の「子ども家庭支援センターすくすくひろば」に着目したのである。あわせて，少子化対策の課題を示すとともに，解決への展望について明らかにしたい。

❷ 三鷹市「子ども家庭支援センターすくすくひろば」を取り上げる理由

三鷹市には，子育て支援ネットワークの拠点として大きな役割を果たしている社会資源がいくつかあり，それは資料7-1のようにまとめられる。その中でとくに注目されるのは，「子ども家庭支援センターすくすくひろば」[1]で

第7章 ▶▶▶ 新しい児童福祉施策としての三鷹市「子ども家庭支援センターすくすくひろば」

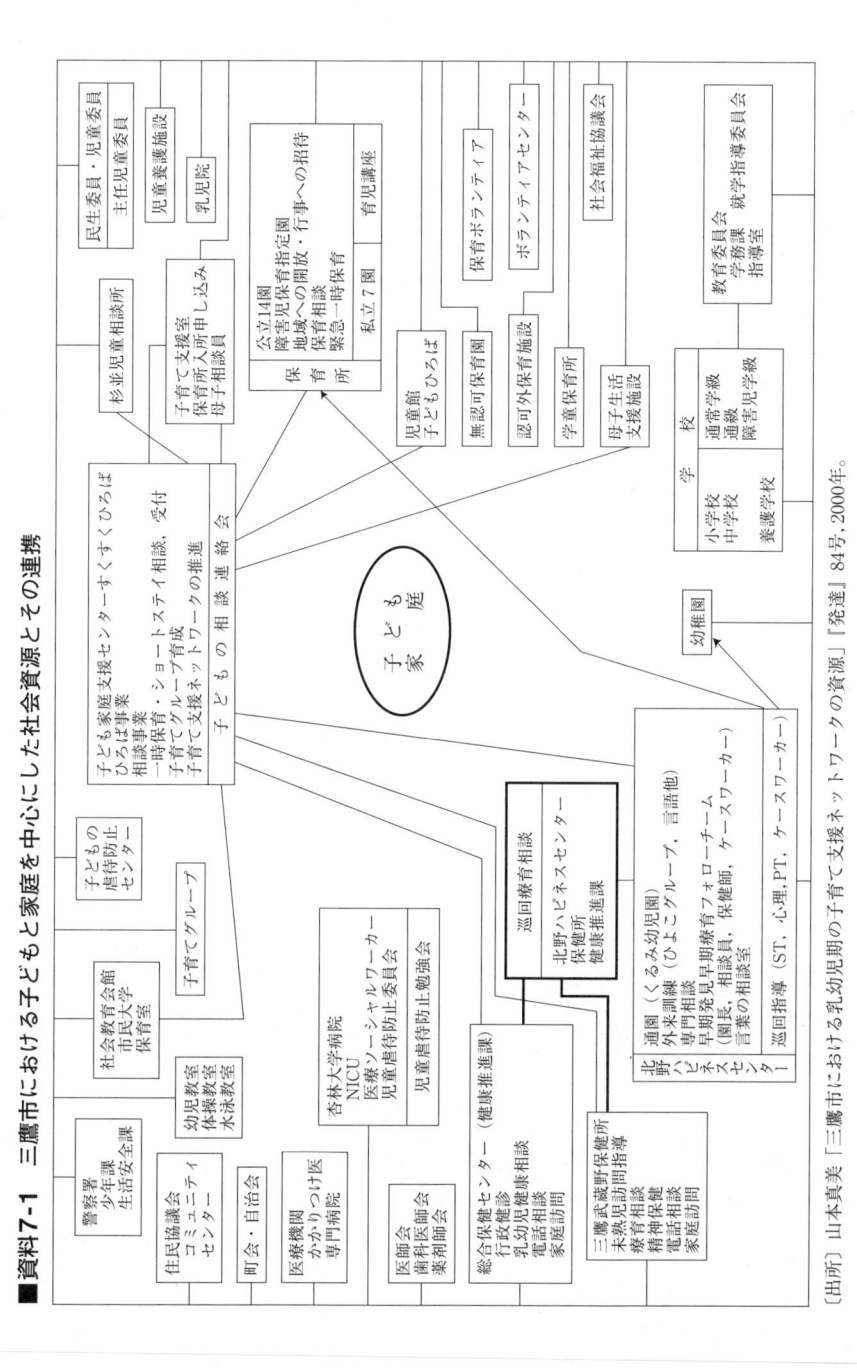

■資料7-1 三鷹市における子どもと家庭を中心にした社会資源との連携

[出所] 山本真実「三鷹市における乳幼児期の子育て支援ネットワークの資源」『発達』84号、2000年。

ある。「子ども家庭支援センターすくすくひろば」に注目したのは，次の理由からである。つまり，

(1) 三鷹市は，1995年11月に，「子育て支援に関するアンケート調査」を実施したが，この種のアンケート調査で一般に行われている子育ての環境，子育て支援政策の重要度などの他に，三鷹市では，独自に，就学前児童の子育て支援に関する詳細な分析を行い，子育て支援ニーズを把握した。

(2) 調査の結果として，働いている母親の数よりもはるかに在宅の母親が多く，しかも，核家族化の進行の中で，「密室の中の孤独な育児」家庭がかなりみられた。また，こうした家庭に限らず，子育て不安を訴える母親が多かった。三鷹市は，このような現状を認識し，これらのニーズに対応することを目的とした事業として，「子ども家庭支援センターすくすくひろば」事業を実施した。なお，子ども家庭支援センターは児童相談所レベルにまで至らない比較的軽易な段階での相談機関であり，子ども家庭支援センター事業自体は東京都の事業で，1999年度末で都内12か所で実施されている。後にみるように，三鷹市は，ニーズに対応した様々な模索を行って，相談事業とひろば事業の双方を行う場所として「子ども家庭支援センターすくすくひろば」をつくり，充実した運営を行っているのである。立地場所もＪＲ三鷹駅より徒歩7分と便利である。

(3) これまでの自治体の児童福祉施策は働く母親を中心に組み立てられ，ともすれば保育所を建設すれば事足れりとする傾向がみられた。しかし，子どもと家庭を取り巻く環境は大きく変化してきているのであって，「児童虐待」などにみられるように，子育て環境は在宅の母親＝専業主婦層において著しく悪化している。とくに，地域の紐帯が薄く，核家族化が進行している都会ではなおさらそうである。そこで，三鷹市は，時代の要請を踏まえ，積極的に在宅の母親の子育て支援策を行うために，「子ども家庭支援センターすくすくひろば」事業を実施したのである。

(4) 「子ども家庭支援センターすくすくひろば」は，公設公営で運営される。職員は，三鷹市健康福祉部子育て支援室子育て支援係に所属し，常勤職員

が多い。子ども家庭支援センターは東京都の事業であるため他の自治体（三鷹市を含め12の市・区）にもあるが，民間への委託で実施しているところや，非常勤職員が多い自治体が多い。その意味でも，三鷹市の「子ども家庭支援センターすくすくひろば」は充実している。

(5) (4)とも関連するが，三鷹市では，資料7-1に示された各社会資源相互のネットワークがうまく機能している。つまり，杏林大学病院，医師会，児童相談所，保健センター，保健所，保育所，北野ハピネスセンターなどの連携が機能しているのである。このような連携のための人的ネットワークの形成に三鷹市は長い年月をかけているのであり，それが現在実を結んでいるのである。

③ 報告書「子育てにやさしいまち・三鷹をめざして」（三鷹市発行，三鷹市健康福祉部児童福祉課編集，1997年3月）の検討

　三鷹市は，1997年3月に「子育てにやさしいまち・三鷹をめざして」という報告書を発行している。その中に，「子育て支援のアンケート調査」（1995年11月実施）の結果が掲載されている。同報告書では，近年，子どもと家庭の状況が大きく変化しており，従来の働く母親中心の子育て支援策だけでは不十分で，すべての子どもと家庭への支援が必要になっているとする。つまり，「現在の社会では，育児を精神的に負担と感じたり不安になるのは，だれでもなり得るもので，特別のことではないと認識し，新しい子育て支援施策を充実させる必要があります。……子育てをするすべての家庭を対象にした，幅広い支援が求められて」（同報告書）いるとするのである。そこで，本章では，在宅の母親を積極的に支援しようとする，三鷹市の新たな子育て支援策実施の根拠になった調査結果の部分について紹介しよう。

　まず，女性の就労状況であるが，仕事につく女性が増えてはいるものの，就業率が高いのは20歳代で，30歳代では結婚・出産，育児などで仕事を辞める人が多くなり，40歳代から再就職しようとする傾向がみられる。40歳代の

再就職は，ほとんどパート・臨時雇用である。日本の場合，育児休業制度（「育児休業等育児または家族介護を行う労働者の福祉に関する法律」により，労働者は1歳に満たない子供を養育するため，事業主に申し出ることにより子どもが満1歳になるまでの間，育児休業できることとなっている）の利用率はまだ低く，産業の種類や企業規模によってもその取得状況は異なるが，もっとも高い製造業でも50％に達していない。このような状況も反映していると思われる。また，就学前児童の母親のうち，「以前は就労していたが現在は就労していない」と「これまでに就労したことがない」を合わせると，就学前児童の母親の約67％を占めている。つまり，三鷹市では，子育てをしている母親の3分の2は在宅の母親＝専業主婦であることが把握できるのである。

さらに，0～2歳児を持つ母親への「育児に関して特に悩んでいることはありますか（複数回答）」という質問に対しては，保育所に子どもを預けている母親に比べて，在宅の母親のほうが悩みが多かった。つまり，「病気や発育に関して」を唯一の例外として，「食事や栄養」「遊ばせ方やしつけ」「市の施策や事業の情報が入手しにくい」「気軽に相談できるところがわからない」「子育てが精神的に負担」などのあらゆる項目で，在宅の母親のほうが悩みが大きかったのである。また，0～2歳児を持つ母親に対する「身近な地域で，育児に関する悩みや不安をどなたに相談していらっしゃいますか（複数回答）」という質問では，在宅の母親では「身内」が圧倒的に多い。他方，保育所に子どもを預けている母親では，「身内」の他に「職場の人・知人・友人」「保育所の保育士や幼稚園の先生」という答えも多かった。職場や保育所を通しての人間関係があり，保育所で育児に関する様々な情報提供が受けられる保育所に通う子どもの母親に比べて，在宅の母親は身近に相談できる人に恵まれていないことが把握できるのである。

❹ 「三鷹市子ども家庭支援センターすくすくひろば」事業について(1)

　先に述べたように,「子ども家庭支援センター」は東京都の事業であり,児童相談所レベルに至らない比較的軽易な段階での相談機関である。1999年末で東京都内12の区・市で事業は実施されているが,実施場所は特に規定がないため児童館や母子生活支援施設など多様である。事業の運営主体も,公営・民営どちらでも構わない。三鷹市は,「子ども家庭支援センターすくすくひろば」という名称で事業が行われている。三鷹市では,公設公営で行われ,職員数は,常勤4名,非常勤1名である。世田谷区など民間委託による実施自治体も多く,また公設公営の子ども家庭生活支援センターでも,常勤職員数は少なく,非常勤の割合が高いところが多いため,三鷹市が積極的な姿勢を打ち出していることが理解できるのである。なお,運営のための財源は,東京都による年間運営費補助が行われている。1,500万円を上限としてその2分の1が補助されている（2000年度の場合）。

　先のアンケート調査結果を踏まえて,三鷹市では,次の8点が子育て支援ニーズであると認識した。つまり,①子どもと家庭を取り巻く環境の変化,②乳幼児期の子育て支援施策の重要性,③「密室の中の孤独な育児」が近年の特徴,④子育てや育児に不安を持つ母親の増大,⑤すべての子どもと家庭への支援の重要性,⑥親の孤独・孤立からの解消を図るなど親自身の豊かな人間関係を視野に入れた子育て支援策の重要性,⑦社会全体の取り組みの必要性と,子どもや家庭にかかわる関係機関が互いに連携し子育て支援ネットワークをつくることの重要性,⑧子育て支援ネットワークの中心として,関係機関との連携を進める施設の必要性,である。

　三鷹市では,このようなニーズに対応する事業として,とくに乳幼児期の子育て支援に的を絞り,子ども家庭支援センター事業を立ち上げた。このため,親子の遊び場として優れた機能を持つ「すくすくひろば」で事業を行うことになった。「すくすくひろば」は,三鷹市が,隣接する市立保育所の地域

開放事業の一環として，1994年4月に開設したものである。その後，先のアンケート調査結果を踏まえ，ひろば事業に加えて相談援助サービスを実施することとし，総合的な子育て支援施設として，「すくすくひろば」の子ども家庭支援センター事業への拡充が進んだ。そして，1997年3月から，三鷹市の子育て支援の拠点として，「すくすくひろば」は位置づけられ，「子ども家庭支援センターすくすくひろば」となったのである。そして，職員配置も充実し，保育士を含め常勤4名非常勤1名の体制が取られるようになったのである。

先に述べたように，立地場所はきわめて便利なところにあり，JR三鷹駅から徒歩7分，市立の保育所と児童公園の間に挟まれて立地している。バス路線（小田急バス）も充実している。このために，単独のひろば事業とは異なり，保育所園児との交流や，保育所の行事への積極的参加を行っている。また，児童公園に隣接しているため，室内だけではなく，児童公園と行ったり来たりしながら時間を過ごすことができる。「子ども家庭支援センターすくすくひろば」の建物は2階建てで，1階は「すくすくひろば」のメイン事業である「わいわいひろば」の部屋（約60畳のホール）がある。さらに，1階には，赤ちゃん専用の「赤ちゃんコーナー」や事務室がある。2階には「サロンコーナー」（自由に話したり食事ができる，赤ちゃんのミルク用のお湯やお茶がある）や子育てグループが利用できる部屋（申し込み制，月曜日〜金曜日，午前・午後1グループずつ），子育て相談室がある。利用できるのは，三鷹市に居住する0〜3歳の子どもと保護者で，開館日は月曜日〜金曜日（土曜日・日曜日・祝祭日・年末年始は休館），開館時間は午前10時から午後4時までである。

5 「三鷹市子ども家庭支援センターすくすくひろば」事業について(2)

三鷹市の「子ども家庭支援センターすくすくひろば」は，ひろば事業と子

第7章 ▶▶▶ 新しい児童福祉施策としての三鷹市「子ども家庭支援センターすくすくひろば」

育て相談事業，子育てグループ活動への支援，の3点が主たる事業である。

ひろば事業では，親子の遊び場を提供することを通じて，0～3歳の子どもを持つ母親の精神的サポートを行うことを目的としている。先のアンケート調査から，仕事を持たない在宅の母親のほうが，子育ての精神的負担が大きく，また相談相手にも恵まれていない。そこで，「子ども家庭支援センターすくすくひろば」に行けば，同年齢の母親がいて，日常のちょっとした不安や疑問をおしゃべりの中から解決できるのである。また，ひろばでは他の母親の子育ての仕方（例えばおむつ交換やミルクの飲ませ方）をみることができるため，互いに子育てを学び合うことができる。そこで，いつでも自由に来ることのできる場所であることが重視され，このため親子の来館日時を，曜日別や時間帯別にするなどの限定を行っていない。実際，毎日来る母親もいるし，週1回決まった曜日に来館する母親もいるなど多様である。

さらに，ひろば事業は，子どもたちに様々な遊び方を提供するとともに，遊びをサポートする場所になっている。「わいわいひろば」では，1日2回（午前と午後），皆で集まる集会事業が行われ，保育士と一緒に手あそびやわらべうたなどで遊ぶ時間帯が設定されている（30分～1時間，ただし，参加は強制されない）。子供たちは，「わいわいひろば」で遊ぶことにより，家で母親と2人きりという状況の中では味わえない経験を享受できるのである。

なお，はじめて「子ども家庭支援センターすくすくひろば」に来た母親や，何回か来ているがなかなか周囲に溶け込めない母親が存在する。このような孤立しがちな母親には，職員が目配りしながら母親同士を仲介したり，職員が一緒に遊んだり，話相手になったりしている。このようなことができるのは，職員の多くが保育士など専門性を持ち，しかも常勤職員が多く，職員の労働にある程度のゆとりがあるからである。また，2～3年利用している母親も多く，こうした母親がはじめてきた母親などにアドバイスする光景も随所にみられているのである。

以上は，ひろば事業であるが，重要なことは，三鷹市の「子ども家庭支援センターすくすくひろば」においては，ひろば事業と相談事業が密接に結び

ついている点である。つまり、ひろば事業を通して、母親が子育てを相談しやすい環境ができているのである。「子ども家庭支援センターすくすくひろば」では、利用している母親の相談と利用していない母親のどちらの相談も受け付けているが、前者では、明らかにひろば事業を通して職員と相談しやすい状況が生まれ、「子ども家庭支援センターすくすくひろば」は母親がいつも気楽に相談できる場所になっている。また、普段は「子ども家庭支援センターすくすくひろば」を利用していない母親に関しても、親身になって相談に応ずるので、母親がいつでも気楽に相談できる場所になっている。つまり、三鷹市には、市役所、北野ハピネスセンター、保健センターなどにも子育ての相談窓口があり、「相談日」なども設けられているが、母親の中には、悩みがあいまいでどこに相談していいのかわからなかったり、自分自身が何を悩んでいるのかはっきりと把握できない者が少なくない。保健センターなどが、母親にとってやや敷居が高く感じられるのに対し、「『子ども家庭支援センターすくすくひろば』では種類を問わず、子ども、子育てにかかわる悩みについては何でも常時受け付けるという間口の広い対応をしており、『敷居が高くない』相談先としても市内に周知されつつあるからである。『わいわいひろば』での母親との世間話や立ち話から相談になることも多く、相談した母親からは『あちこちに相談窓口があって、そういうところで相談にのってくれる人は専門家かもしれないけれど、人柄とかがわからないので不安、すくすくひろばでは普段のこどもの様子や親子の関係を知ってくれている上で、相談ができるので安心して相談しやすい』という感想が寄せられて」(山本真実「三鷹市における乳幼児期の子育て支援ネットワークの資源」『発達』84号、2000年10月、ミネルヴァ書房) いるのである。

そして、重要な点は、「子ども家庭支援センターすくすくひろば」が、単に「母親がいつも気楽に相談できる場所」であるばかりではなく、「子育ての悩みを解決に向けて取り組む場所」にもなっていることである。ただし、「子ども家庭支援センターすくすくひろば」で解決できる問題はかなりあるが、すべての相談に答えられるわけではないのは言うまでもない。子どもの成長・

第7章 ▶▶▶ 新しい児童福祉施策としての三鷹市「子ども家庭支援センターすくすくひろば」

発達に関する日常生活レベルの相談などは「子ども家庭支援センターすくすくひろば」でかなり解決できるのであるが，虐待などの深刻な相談も多い。こうしたケースの場合は，児童相談所などの専門機関につなげることになる。この場合,つなげ方に三鷹市の独自性が発揮されている。つまり，三鷹市以外の多くの自治体の専門機関へのつなぎ方は，相談者に「この件については私たちの担当ではないので，どこそこの専門機関に行ってください」といった形で他機関につなげるやり方がほとんどである。これに対して三鷹市では，各機関が相談のネットワークを組んでいるところに特徴があるのである。つまり，ネットワークの要の位置に「子ども家庭支援センターすくすくひろば」があり，職員は相談する母親の担当ソーシャルワーカー（ファミリーソーシャルワーカー）として，関係各機関との連携や調整を行っていく活動，つまりネットワーク事業を展開しているのである。

しかも「常に相談者の立場に立ち，その悩みを共感受容した上で，寄り添いながらかかわっていくという態度を大事にしていることが大きな特徴」（山本，前掲論文）である。例えば，虐待の相談を「子ども家庭支援センターすくすくひろば」が受けた場合，ストレートに他の機関を相談者に紹介するのではなく，児童相談所の職員に「子ども家庭支援センターすくすくひろば」に来てもらい，その場所において母親に会わせるといったことも行っているのである。このことを通じて，母親はリラックスし，相談しやすくなるのである。さらに，このような連携とネットワークの充実により，相談の内容を検討して解決に向けた方向性を示すために行われる事例検討会もまた，スムーズかつスピーディに行われている。スピーディに行うことが，悩みを持つ母親にとって重要であるのは言うまでもない。このため，各関係機関がいつも一堂に会するのではなく，「子ども家庭支援センターすくすくひろば」の職員を軸に，各事例にもっとも密接にかかわる関係機関職員など少人数で，事例検討会が毎日開催（午前中）されているのである。

なお，「子ども家庭支援センターすくすくひろば」が，関係各機関との連携・調整に重要な役割を演じているのであるが，職員は，三鷹市健康福祉部

子育て支援室子育て支援係に所属している。行政職員であることが，関係各機関との連携と調整をやりやすくし，「子ども家庭支援センターすくすくひろば」を要としたネットワーク事業の順調な推進につながっていることは言うまでもない。民間委託では，関係各機関との連携はそれほど円滑にはいかないであろう。筆者は，高齢者介護の調査を数多く行ってきたが，民間やＮＰＯなどへの委託では，とくに医療関係とのスムーズな連携は容易ではないと思われたのである。公設公営で事業展開していることが，有効な子育て支援政策の実施につながり，三鷹市をして子育て支援の先進自治体たらしめていると言うことができよう。

❻ 少子化対策の課題と展望

　三鷹市のアンケート調査や，財団法人「北海道青少年育成協会」の2つのアンケート調査（「北海道における少子化に関する研究⑴，⑵」1999年3月，2000年3月，この紹介と分析は，横山純一「北海道における少子化に関する道民意識―『北海道青少年育成協会』の調査結果の紹介と分析」『少子・高齢社会における地方自治体としての取り組み』第2章，2001年3月，社団法人北方圏センターを参照）などから，浮かび上がる少子化対策の課題は，次のようにまとめることができると考える。
⑴　経済的な安定がなければ子どもを産み，育てるのは難しい。北海道青少年育成協会の調査では，母親が考える「理想の子どもの数」と「実際に産む子どもの数」との間にはかなりの乖離があり，後者のほうが少なくなっている。理由は，明らかに，「子どもを育てるのにはお金がかかる」であった。
⑵　同上の調査では，「理想の子どもの数が実現できない理由」の1つとして，「今の世の中や将来に対して不安である」と答えている母親が多い。現在の子どもを取り巻く環境が良好であること，ならびに，子どもが大人に

なった時,安心してくらせる社会になっているという確信を,現在,親が持つことがなかなかできないでいるのである。

(3) 女性の場合,パート労働者が多い。これは,結婚や出産で退社し,子育てが一段落してから働きに出るケースが多いこととも関連する。「仕事をしていたが結婚がきっかけでやめた」「仕事をしていたが出産がきっかけでやめた」女性がかなりの数を占めている。そして,「末子が小学校に入った頃に,パートタイムで働きたい」と考える母親が多いのである。このような道(結婚・出産―退社―育児・子育て―パートで復職)を望んで選択している女性も多いと思われるが,他方,現実の女性を取り巻く雇用環境や雇用慣行,社会の風潮,女性の意識など,多様な要素が複雑に絡み合ってこのような結果になっているとも考えられ,必ずしも,このような道を望んで選択したわけではなく,本当ならば働き続けたかった女性も少なくなかったと思われる。

(4) フルタイムで働く女性が,子育てしやすい環境を整備する必要がある。母親の保育所の充実の要望は強い。しかも,乳児保育,秒時保育,障害児保育,早朝保育,延長保育,夜間保育などへの要望も強い。このため,都市部を中心に保育需要を満たすように保育所を増設することや,保育時間の弾力化,障害児保育など多様な保育の充実が必要である。また,働く母親が子どもと接する時間をできるだけ長くとれるように,労働時間の短縮が重要である。このことに関しては,企業だけではなく,労働組合の役割にも期待したい。賃金引き上げだけではなく,子育てと関連づけながらの時短の要求が必要なのである。さらに,育児休業制度や出産休暇の充実が重要である。この点では,デンマークの労働組合の考え方は参考になるだろう。つまり,「デンマークでは,1980年代に行ってきた労働条件の改善をさらに進めることに取り組んだ。1990年代になると,労使協定の内容には賃上げの話はあまりなく,働きやすい環境づくりがメインテーマになってきた。つまり,労働時間の短縮,出産休暇,育児休暇,育児休暇の間の経済的支援はどうなっているのかなど,賃金の部分ではなく,もっと中身

のところでの改善を要求したということである。1990年代になって毎回労使協定が行われるたびにいわれるのは，家庭と仕事をいかに両立させていくかということであった。家庭と仕事を両立して，女も男も働きやすく家庭を守りやすい，そういう生活がどうしたら可能になるかという点が注目されはじめたのである」（ブンゴード孝子「デンマークの事例」，『少子・高齢社会における地方自治体としての取り組み』，第3章4節，2001年3月，社団法人北方圏センター）。

(5) ただし，現実の日本の女性の就業パターンは，M字型（結婚・出産で家庭へ・後に復職＝パート労働）である。北海道青少年育成協会の調査では，少なくとも末子が小学校に上がるまでは専業主婦になっている割合が高い。また，三鷹市の調査でもほぼ同様な結果が得られた。さらに，北海道青少年育成協会の別の調査（未来の母親である女子学生についてのアンケート調査）においてもほぼ同様なM字志向がみられた。

(6) 専業主婦の子育てのストレスはかなり高い。場合によっては，1日のうち数時間もしくは10数時間保育所に子どもを預けて働く母親よりも，専業主婦のほうが子育てのストレスは大きいと言えるかもしれない。ましてや，地域の紐帯の弱い都市部では，子育てのうえで助けになるのは，「夫」だけというケースさえ多い（三鷹市の調査でとくにみられる）。近年，増大している「児童虐待」も，子育てのうえで助けになる人がいないという状況とも関係している。そこで，都市部の専業主婦を主たる対象に，子育てを社会的に支援するシステムの構築が求められていると言えるのである。なるほど，「親子で参加する育児教室事業」や「電話による相談事業」「家庭訪問による相談事業」のニーズは，保育所などのニーズに比べれば，あまり高くはない。しかし，上記の理由から，子育てを社会的に支援するシステムへの潜在的なニーズは高いと言え，むしろ，行政がこのような潜在需要を引き出すための充実した施策を行うことが求められているのである。その点で，三鷹市の「子ども家庭支援センターすくすくひろば」事業は，こうした要請に行政が応えたものとして注目される。さらに，それは，従来

第7章 ▶▶▶ 新しい児童福祉施策としての三鷹市「子ども家庭支援センターすくすくひろば」

の行政施策や発想から転換し，専業主婦層の子育て支援に積極的にかかわろうとするものであった点でも注目されるのである。

　以上，少子化対策の課題について述べたが，さらに次の点が重要である。つまり，現在の女性の労働を取り巻く環境は，以前にも増して厳しくなっているということである。企業は，正社員として女性を雇用するのではなく派遣労働者，さらには嘱託，パートの女性労働者の活用割合を増やしている。このため，4年制大学卒業の女性派遣社員やパート社員が増加しているが，その多くは身分が不安定な就業となっている。例えば，1980年代に先進的な育児休業制度実施の草分け的な存在であった，あるデパートにおいてさえも，現在育児休業制度の形骸化が進み，その取得者は少ない（2000年秋に行った北方圏センター調査研究部によるヒアリング調査）。このデパートでは1985年に比べて，2000年には，女性正社員数は千人強減少してパート化が著しく進んでいたのである（「流通会社年鑑」2001年版による）。近年，派遣労働者法が改正されたため，このような傾向は一層進むであろう。

　北欧諸国においても，産業界で働く女性は，現在でも必ずしも多くはない。しかし，北欧諸国では，福祉サービス，とくに高齢者のための在宅福祉サービスの拡充とともに，女性の働く場が広がった（横山純一著『高齢者福祉と地方自治体』第2章，2003年4月，同文舘出版を参照）。北欧諸国では，ホームヘルパーや福祉施設で働く職員はほとんどが公務員で，身分保障が確立している。日本においては，介護保険の施行によって女性の働く場が拡大するのではないかとの期待感が一時的に高まったが，現在は完全に，その期待感はすぼんでしまった。というのは，福祉労働が質の高さを要求されながらも，その一方であまりにも低賃金になっているからである。特にホームヘルパーについては登録ヘルパーがほとんどで，その実質的な時給は，コンビニエンスストアで働く学生アルバイトよりも低いケースが少なくなく，このため，現在，多くのホームヘルパー派遣会社では，ホームヘルパーを募集しても成り手がいない状況が生まれているのである。

　このように，女性労働者を取り巻く環境は厳しくなっているが，さらに，

リストラ，派遣労働者化，嘱託化，パート化は男性にも及んできている。しかも，こうしたことは単に民間企業だけにあてはまるのではなく，公営企業においても進んでいる。例えば，2003年度に民営化されたが，それまで札幌市交通局のバス運転手（市営バスの運転手）のほぼ半分が嘱託の身分になっていたのである。そして，市営バスの各営業所では，明らかに「いびつ」な雇用・賃金の状況が生まれていた。つまり，一方で増務をこなせば（残業すれば）年収1,000万円を超える年収入となる運転手と5年間しか契約が更新されない不安定な身分の嘱託運転手が同一営業所で同じ運転業務につくという「いびつ」な関係が生じていたのである（当時，筆者は正規雇用の運転手の給与を引き下げ「行2」適用するとともに，嘱託運転手のできる限りの正規職員化を主張していた）。「現在の経済的な安定」と「不安ができるだけない未来社会の実現」がなければ，安心して子どもを産み育てることは難しいであろうことを強調しておきたい。夫の雇用の安定と女性の働き続けるシステムの構築が何よりも必要なのである。

　とはいえ，現実にこのような事態が進んでいることを，直視しなければならないことも確かである。また，現実の女性の就業パターン（M字型）を考える時，子育て・育児をしているのは，在宅の若い母親が圧倒的に多い現実がある。しかも育児や子育てで悩んでいる母親が少なくない。とくに大都市が深刻である。地域の紐帯が弱い。同居する親もいない。夫は朝早く会社に行き夜遅くにしか帰ってこない。狭いマンション（アパート）に住んでいるため，隣の居住者に迷惑をかけないように子どもの泣き声一つさえ気にしなければならない。さらに，子育ての悩みを相談したり，子どもを戸外で自由に遊ばせる場所も少ない。このように大都市の若い母親は苦悩しているのである。そのような中で，「児童虐待」も多発しているのである。こうした現実を考えた時，国や自治体の施策として，単に，フルタイムで働く女性を中心にした育児・子育て支援策だけでは不十分であり，在宅の母親（専業主婦）の育児・子育て支援を行うことが重要である。

　三鷹市は，この面での先進地である。まず，就学前児童の子育て支援に関

第7章 ▶▶▶ 新しい児童福祉施策としての三鷹市「子ども家庭支援センターすくすくひろば」

する詳細な調査・分析を行って子育て支援ニーズを把握した。調査の結果として，働いている母親の数よりも，はるかに在宅の母親が多く，しかも，核家族化の進行の中で，「密室の中の孤独な育児」家庭がかなりみられた。また，こうした家庭に限らず，子育ての不安を訴える母親が多かった。そこで，三鷹市は，これらのニーズへの対応を目的として，三鷹駅から徒歩7分のところに，専業主婦を対象に，ひろば事業と相談事業を行う公設公営の「子ども家庭支援センターすくすくひろば」を立ち上げたのである。

　三鷹市の「子ども家庭支援センターすくすくひろば」事業は，在宅の母親への行政支援という，これまであまり行政の施策として行われてこなかった領域に対して詳細な実態調査を踏まえ，大胆に発想して施策展開を行ったもので高く評価されるべきものである。さらに，人的なネットワークづくり，相談者の気持ちや心に配慮した相談体制，子どもと母親が気楽にいつでも来所できるひろばなど，他の自治体が三鷹市から学ぶ点は多数ある。時代の流れの中で，働く女性と専業主婦層の両方に配慮したきめこまやかな行政の施策が重要なことは明らかなのである。また，この面でのNPOの役割も期待されるだろう。

　専業主婦の子育て上の悩みは深刻化してきている。ただし，薄まってきているとはいえ，大都市に比べれば地域の紐帯がまだ強い農山漁村地域の自治体では，三鷹市とは異なったやり方での子育て支援の取り組みが可能だろうし，機械的に三鷹市の取り組みを導入してもうまく機能しないかもしれない。今後，児童福祉にせよ，高齢者福祉（在宅福祉）にせよ，地域実情を考慮した，個々の自治体の個性ある意欲的な施策展開が求められることが多くなるだろう。これからの自治体が行う福祉サービスは現金給付が中心ではなく，現物給付に重きがおかれる。つまり，きめこまやかな対人サービスの展開必要性が高まる。その意味で，三鷹市の意欲的な児童福祉の取り組みを，筆者は高く評価したいのである。

7 むすびにかえて

　最後に次の点を付け加えておきたい。少子化社会と高齢社会が同時に進行する日本においては，今後，税制や保険料負担などにおいて，女性間の意見や利害の衝突がみられるようになる可能性がある。例えば，働く女性（とくにフルタイムで働く正社員の女性）のほうは，所得税における配偶者特別控除などの廃止や，専業主婦への課税や保険料負担を求めるだろう。他方，子どもを生み育てた側からは，今後，次のような主張が勢いを増すだろう。つまり，子育てや育児をした親だけが直接的な子育ての費用を負担しているのに，子どもを産み育てていない者も高齢者になれば育てられた子どもたちから等しく支えられる（例えば，介護保険料は40歳以上の全国民が負担する）ことになるので不公平である。そこで，子どもを産み育てていない層にも子育て費用の負担を求めるべきである，と。

　少子・高齢社会は，もう始まっている。国民の合意形成が急がれなければならないのである。

注

1) 現在，三鷹市では「子ども家庭支援センターすくすくひろば」につぐ2つ目の「子ども家庭支援センター」をオープンさせ軌道に乗せている。2つ目の名称は「子ども家庭支援センターのびのびひろば」で，0歳から18歳未満の子育て支援施設として位置づけられて，ちょっとした子育ての不安からドメスティックバイオレンス，ひきこもりなど深刻な内容のものまで，各種の相談援助機能を果たしている。また，子ども家庭支援ネットワークも拡大しており，年々増加している児童虐待などの深刻で複雑な問題に対処している（森田猛志「三鷹市のソーシャル・ネットワーキング—母子を支える社会資源への気づき—」，『助産婦雑誌』Vol.56 No.12,2002年12月）。

　また，三鷹市「子ども家庭支援センター」は，2004年度より，従来の子ども家庭支援センターの機能に，児童虐待の予防的取り組みおよび地域における見守りの機能を新たに加え，地域における子育て支援のための機能強化を図ることを目的に創設された「先駆型子ども家庭支援センター」の位置づけになった。そこで児童相談

所との一層の連携で，子育てに問題を抱えた家庭への支援や養育家庭の拡大支援事業を行うとともに，ネットワーク内の連携の一層の強化を図ることになった。

第8章 NPOは若者の雇用の場になり得るのか

1 はじめに

　いわゆる「バブル経済」の崩壊から今日まで，景気は最近の回復基調を除けば，ほぼ低迷してきたと言うことができるだろう。そして，雇用構造も大きく変化し，中高年のリストラが進むとともに，若者が正職員（正社員）として就職する場が減少し，4年制の大学を卒業後，派遣労働者になったり，コンビニエンスストアなどでパート労働する若者が増大している。また，ニートも増加して社会問題になってきている。このような中，若者の雇用の場としてNPOに期待する風潮もみられる。本章では，NPO活動の出てきた背景と役割，NPOが若者の雇用の受け皿になり得るのかについて考えるためのいくつかのNPOに関する論点，高齢者介護NPOの実態について検討を行う。なお，本章では，NPOを狭義の意味でとらえている。つまり，NPOを社会福祉法人や社団法人などにまで広げず，NPO法人格の有無にかかわらず営利を目的としない公益的活動を行う市民活動団体とした（社団法人，財団法人，社会福祉法人等の既存の公益法人は除いた）。さらに，テーマを考慮すれば，団体としてある程度の規模が必要なため，NPO法人格を取得しているNPOが主に想定されている。

❷ NPO活動の出てきた背景とNPOの役割

　今日，新しい様々な課題が生まれてきている。つまり，不登校やいじめなどの教育問題，急テンポな人口の高齢化の中での介護問題，地球規模の人口増加や利便性重視のライフスタイルの定着などに起因する環境問題など，現在，われわれが，かつてほとんど経験したことのない問題が多数起こっているのである。従来，こうした諸問題への対応は，主に行政セクターと企業セクターが担ってきた。しかし，この2つのセクターだけでは，もはや今日の複雑かつ多岐にわたる諸問題の解決が難しいことは明らかである。教育においては不登校児問題やいじめ問題が深刻になっているが，公教育現場での対応が必ずしも十分ではなく，市民活動団体が取り組んできたフリースクールが果たす役割が大きくなってきている。また，環境保護などに積極的に取り組む市民の活動が増えているし，「まちづくり」では，子育てや介護などで積極的に市民が発言する「市民参加のまちづくり」が増えてきている。そして，様々な高齢者福祉事業や子育て支援事業を行う市民活動団体が増加している。今日，行政セクターと企業セクターの役割だけではなく，明らかに，第3のセクターとも言うべき市民セクターの役割が注目されてきているのである。

　もっとも，これまでも市民活動が盛んに行われてこなかったわけではなかった。公害反対運動や自然保護運動，福祉ボランティア活動などが盛んに行われ，社会にインパクトを与えてきた。ただし，近年，教育，福祉，環境，国際協力，まちづくりの分野などで活発化してきている市民活動は，従来の市民活動とは性格が異なっているものが多い点が注目されるべきである。つまり，これまでの市民活動の多くは，行政補完型の市民活動（行政主導のボランティア活動など），もしくは陳情・反対型の市民活動（原子力発電やリゾート開発，公害などに反対する市民運動など）であった。近年，活発化してきている市民活動においては，教育，福祉，環境など多様な分野における政策提言・市民参加・事業実施型の市民活動が多いのである。NPOの伸長は，

まさしく，こうした近年の新しいタイプの市民活動の活発化と密接に連関している。そして，このような新しいタイプの市民活動こそ，われわれが着目し，本章で取り扱おうとするものである。

ただし，どのタイプの市民活動にも，それぞれ固有の意義が見出される点を同時に確認する必要がある。さらに，NPOの中には，行政補完型や陳情・反対型に分類できる（市民活動団体の意図や目的はどうあれ）NPOも存在するし，行政補完型もしくは陳情・反対型のどちらかと政策提言・市民参加・事業実施型とが混合しているNPOが存在している事実にも目を向けておかなければならない。

日本では，このような多様な市民活動を規定する法律は，今日まで，ほとんど存在しなかった。わずかに，民法34条での公益法人についての規定（非営利かつ公益を目的にして主務官庁の許可を得る公益法人である社団法人・財団法人に関する規定），ならびに社会福祉法人や医療法人，学校法人，宗教法人，協同組合など特定目的の団体に法人格を与える特別法が存在するにすぎなかった。1998年3月に特定非営利活動促進法（NPO法）が成立（1998年12月施行）したが，これは，実質的に，非営利市民活動団体を規定するはじめての法律と言える。NPO法は，近年，新しいタイプの市民活動が発展している中で，ようやく成立・施行されるに至った画期的なものなのである。

NPO法は，正確に言えば，非営利市民活動団体の法人化を規定するものである。法人格がないと団体として事務所や電話の契約ができない，不動産所有名義も団体名でできない，行政からの委託事業がもらえなかったりするなど，市民活動の遂行上，不都合な点が様々に生じてしまう。実際，このため，株式会社や有限会社にしている市民活動団体のケースもかなりみられる。しかし，そのような場合には，営利法人にしているため，寄付金がもらえない等の問題が生じてくる。NPO法によって，市民活動団体は法人格（NPO法人）を取得できるようになり，活動が展開しやすくなったのである。そして，NPO法の施行から現在までに認証されたNPO法人数は全国で約25,000にのぼるのである（1998年12月1日から2005年11月30日までの累計）。

ただし，あらゆる市民活動団体が，ＮＰＯ法人格を取得すればよいかというと，必ずしもそうとは言えない。法人格の取得のためには，繁雑な事務作業，専従者の配置などが必要になるし，法人格取得後の活動においては高度なマネジメント能力が必要となる。したがって，規模の小さな市民活動団体にとっては，法人格取得のメリットはほとんどないと言えるのである。
　ＮＰＯと行政の関係については，行政とＮＰＯの双方が，それぞれの役割や特性，限界性などを認識し合うことが重要であることを指摘したい。したがって，双方が，対等な立場で信頼関係を築いていくことが重要であり，このため，行政にあっては，今後，職員に対するＮＰＯ理解のための研修を計画的に行うことが必要となろう。ＮＰＯにあっては，独り善がりにならず，できるだけ広い視野に立っていく努力をしながら，社会的ニーズにきめ細かく応えていく活動が求められているのである。

３　ＮＰＯは若者の雇用の場になり得るのか ―ＮＰＯについてのいくつかの論点

(1)　周知のように，ＮＰＯの定義は「非営利組織（非営利団体）」である。だが，定義だけ理解していてもＮＰＯについて何も理解したことにはならない。特定非営利活動促進法（ＮＰＯ法）が成立した当初は，高い理念を持ち，ミッション（社会的使命）を大事にするＮＰＯが多かった。しかし，現在は多様なＮＰＯが生まれている。別に高い理念がなくてもＮＰＯになることができるのであって，理念やミッションの高低でＮＰＯになれるか否かが決まるわけではないのである。

(2)　ＮＰＯには収益事業が認められている。その意味では，ＮＰＯは「事業を営む会社」であると理解したほうが分かりやすい。ミッションを大切にすることと収益事業は矛盾するものではないと筆者は考えている。むしろ，本来事業を充実させるためにも，収益事業が必要になる場合が多い。実際，高い理念を掲げたＮＰＯ（「事業を営む会社」）が少なくないのである。し

かし，理念よりも収益をあげることにもっぱら力を注ぐNPO（「事業を営む会社」）もある。非営利（NPO）と営利（PO）の違いは利益の分配をめぐって存在する。利益を関係者で配分せず，活動に再投資することがNPOの条件である。収益事業が認められているのだから，NPOはいつでもPOになることが可能である。そして，ケースにもよるけれども，NPOがPOになることがあってもかまわないと筆者は考えるが，1990年代後半にNPO法成立に動いた市民活動団体の多くが高いミッションをもっていたのに比べて，理念に乏しいNPO法人が今日増えていることは残念なことではある。

(3) NPOが事業展開しやすいのは，行政セクターや企業セクターが行っていない事業，もしくは行うのが難しい事業であろう。NPOはこれらの事業分野で，NPOとしての問題意識を発揮し，新しい社会的ニーズを掘り起こせばうまくいく。フリースクールなどはその代表例である。これに対して，行政セクターや企業セクターが行っている事業にNPOが参入するのはなかなか容易なことではない。行政セクターや企業セクターにくらべてNPOの優位性がなかなか示せないからである。介護保険の給付サービス，とくにホームヘルプサービスを行う一部のNPOなどはその典型である。介護保険がスタートしてまもない頃，ある福祉研究者が，介護保険の給付サービスにNPOが参入する割合が高まれば，利潤追求の民間の介護サービス会社にも影響を与え，その自治体における介護保険の給付サービスの質が全体的に底上げされると述べていたが，実態は必ずしもそうなっていない。筆者がみる限り，NPOよりもはるかに良質なサービスを提供する民間の介護サービスの会社が存在しているし，他方，介護保険の給付サービスに限らず，様々な事業分野において，あまり「公益的でない」NPOも散見されるのである。ともあれ，行政セクターや企業セクターではなかなか事業としては成り立たない，いわゆる「すき間市場」を開拓し，育てるアイデアをもって果敢に行動する市民が，NPOの発展には必要なのである。

(4) したがって，利潤を追求する企業は悪で，非営利のＮＰＯは善であるとする先の福祉研究者のような二分法は間違いである。例えば，民間のバス会社，ＪＲや首都圏の私鉄などは営利企業ではあるが，公益的な性格をもっているからである。また，介護保険の給付サービスに参入するＮＰＯの中には社会福祉協議会を批判する者がいるが，これもまたナンセンスである。今後，福祉や教育，環境など様々な分野で生ずるであろう問題への対応においては，ＮＰＯだけではなく，広い意味での非営利かつ公益の団体の役割が不可欠である。高齢者福祉における社会福祉協議会の役割は大きいし，環境における環境関係の財団の意義は十分にあると思われるのである。要は，営利・非営利，公益・非公益についての正確な理解が必要なのであり，現在，この点についての若干の混乱がみられるのである。

(5) 若者の雇用の確保にＮＰＯが貢献できるとすれば，ＮＰＯが事業を拡大し，効率性を重視して収益を多額にあげなければならない。事業の拡大によって，雇用の拡大が可能となるからである。この場合，高い理念やミッションを持ちながら活動してきたＮＰＯにおいて，事業を拡大する過程で，理念が希薄になり，ミッションが受け継がれていかない場合が出てくることが懸念される。例えば，介護保険の給付サービスに参入して利益を出しているが，同時に一人暮らしの高齢者への話し相手になる，高齢者世帯の雪下ろしなどの日常的な助け合い事業（赤字の事業が多い）を営んでいるＮＰＯがあるとしよう。後者の助け合い事業を軽視し，前者の事業を重視すれば黒字額が増大し，それは事業の拡大にはつながるだろう。しかし，高い理念（日常の助け合いを地域に根づかせる）は明らかに薄まってしまう。前者だけを行っていくのならば，ＮＰＯにこだわらず，有限会社や株式会社に転換することも可能である。今後，ＮＰＯが社会に浸透していくには，やはり，ある程度高いミッションが必要であろう。つまり，このケースで言えば，収益事業のほうを拡大しつつも，後者の事業は大切にし続けなければならないのである。

(6) 若者の雇用の確保にＮＰＯが貢献できるのかの問題で，直視しておかな

ければならないのは，現在のＮＰＯの待遇の低さである。ＮＰＯ法人を対象とした2001年の経済産業研究所の調査報告では，事務局スタッフは，常勤よりも非常勤のほうが多い。年収は常勤で平均134万円。年収が400万円を超す常勤スタッフは全体の４％にすぎない。健康保険や雇用保険，厚生年金保険，労災保険に加入しているＮＰＯ法人は少なく，全体の２割台である。また，スタッフと雇用契約を結んでいるＮＰＯ法人は３割強にすぎない（朝日新聞2003年４月３日朝刊参照）。一部の認定ＮＰＯ法人などを除けば，生計を成り立たせるだけの給与水準に，ＮＰＯはまったく達していないのである。

(7)　若者の雇用の確保にＮＰＯが貢献できるのかを考える場合に，若者の意識改革が不可欠である。今後，ＮＰＯの事業拡大が進んだ場合でも，スタッフの給与条件の向上はそうたやすく実現できないだろう。一部の認定ＮＰＯ法人を除くと，40歳代で年収400〜500万円のＮＰＯは，もっとも賃金条件のよい部類に入るだろう。したがって，「現在も将来も給与が低くても充実感ある仕事をしているので満足」という意識が，若者の間に生まれてこなければならない。しかし，これはなかなか容易なことではない。というのは，若者のショッピング意欲を高めるテレビコマーシャルが毎日のように流され，実際，華やかな商品がデパートや専門店街に並ぶ中で，「低賃金で満足」との意識がどれくらい若者の間で醸成され定着するのか，懐疑的にならざるを得ないからである。

(8)　国財政や自治体財政が悪化する中で，財政再建や経費削減を目的として，行政の側がＮＰＯ法人を利用する動きがでてきている点に注意が必要である。自発的な市民活動団体としてのＮＰＯの活動を行政の側が高く評価して活用するのではなく，大変安い価格でＮＰＯ法人に委託したり，行政の側がＮＰＯ法人をつくり，それを活用して経費の削減を図る動きもみられるのである。行政の下請けとして，行政の提案どおりにＮＰＯが仕事をするのならば，本末転倒である。しかし，ＮＰＯの中には，行政の委託を受けることに力を注ぐところも多い。ＮＰＯにとっては自らの先進的な活動

を行政が認め，場合によっては，それを行政の側が制度や政策に組み込んでくれることが望ましい。ＮＰＯが行政の「安上がりな便利屋」に成り下がっては何とも寂しいし，かえってそれはデフレスパイラルを加速させることにもつながってしまうのである。これでは，市民と行政の「協働」にはならない。

(9) (8)のようなケースが増大するのは，行政の側の事情もあるが，ＮＰＯの側の問題もある。ＮＰＯ法人の収入にしめる自主事業の割合が低いため，ＮＰＯ法人は行政からの受託事業に依存せざるを得ない状況がみられるのである。ＮＰＯ法人が体力をつけることが重要で，そのためには自主事業の比率を高めることが必要である。しかし，環境や文化，国際交流などの分野での一部のＮＰＯを除くと，それは容易なことではない。なるほど，介護保険の給付サービス（とくにホームヘルプサービス）に参入するＮＰＯでは自主事業が高い割合を占めるが，低いホームヘルパーの賃金・労働条件，あまり高くないサービスの質など課題が山積している（これには介護報酬があまり高くないという事情もかかわっているが）。なお，自主事業と並んで，寄付金による収入をいかに確保するのかもＮＰＯにとって重要である。この面での制度上の一層の充実が求められているのである。

(10) ほとんどのＮＰＯが資金難で苦悩している。とくに立ち上がり資金と運転資金で悩むＮＰＯが少なくなく，今後，ＮＰＯ向けの融資制度の充実が不可欠である。金融本来の性格上，ＮＰＯ向け融資制度には困難がつきまとうが，融資制度は，寄付税制の充実と並んで重要である。今後の，国や自治体の政策に期待したいし，ＮＰＯ当事者の内発的な工夫と知恵にも期待したい。例えば，北海道では2002年８月に北海道ＮＰＯバンクが設立された。今後の動向に注目したいのである。

(11) ＮＰＯ法が成立して５年が経過した。ＮＰＯという言葉を理解する国民が多くなっているし，ＮＰＯに何らかの形でかかわる国民も次第に増えている。ただし，同時にＮＰＯであれば大目にみてもらえる時代は過ぎ去ったように思われる。ＮＰＯの不祥事もあいついでおり，また，解散に追い

こまれたNPO法人も少なくない。NPOの活動の質が問われているのであり，国民に低い評価しかされないNPOは淘汰されることを，NPO関係者は肝に銘じる必要がある。

　実際，介護保険の指定事業所の中で，不適切な介護サービスの提供や不正な介護報酬の請求などを事由とする指定取消処分を受ける事業所が増加しているが（2000年4月から2005年3月までの累計で313事業所），法人種別で指定取消事業者の出現率をみてみると，NPO法人の出現率がもっとも高い。NPO法人は1.09％，つづいて営利法人（0.50％）となっており，医療法人（0.09％）や社会福祉法人（0.06％）の出現率に比べるときわだって高いのである。サービス種別でみると，居宅介護支援と訪問介護の事業者数が多い（厚生労働省老健局『全国介護保険・老人保健事業担当課長会議資料』，2005年9月26日）。

❹ 高齢者介護NPOの課題 ──高齢者介護NPOと賃金労働条件を中心に

　2000年4月から介護保険がスタートした。介護保険が始まる前には，「介護保険の実現で雇用が拡大する」と介護保険の推進論者が盛んに述べていたが，実際には「多数のパート労働者」が生まれたにすぎない。特にホームヘルパーの労働条件については，都市部を中心に登録ヘルパーばかりが突出して増大したため，介護保険以前の時よりも賃金・労働条件が悪化してしまったケースが少なくない。これは，ホームヘルパーのする仕事が「だれにでもできる女の仕事」程度にしか，社会的に位置づけされていないことを示す。筆者が行ったホームヘルパーのヒアリングでは，「今，民間のホームヘルパー会社で登録ホームヘルパーをやっているけれども，スーパーマーケットのレジなどのパートの仕事があれば，（ホームヘルパーを）すぐにでもやめたい」という声が少なくなかったのである。高齢者介護サービスの質的向上を図るには，「ある程度の所得と身分が保障される」介護労働者の創出こそが重要な

はずなのだが，現実はそうなっていないのである。これには2級・3級のヘルパー資格があればすぐにホームヘルパーとして働ける仕組みにも問題がないわけではない。今後は資格制度（例えば，介護福祉士の資格を持つことをホームヘルパーの条件にする）との関連の中で，介護報酬の引き上げや賃金労働条件の改善を図ることが現実的であると言えるだろう。

　したがって，介護保険の給付サービス（在宅福祉サービス，とくにホームヘルプサービス）にかかわるNPO（高齢者介護NPO）についても，課題が多いことを指摘しておきたい。ホームヘルパーの待遇がよくないのは，民間のホームヘルプサービス会社に限らず，高齢者介護のNPOについてもあてはまるからである。また，自発的な市民活動団体の中でNPOの法人格を取得したところにおいて，マネジメントの能力がまったく不足していたり事業体として展開する意識が希薄な団体も多く見受けられ，さらに，ボランティアの延長線上にあるような労働条件の市民活動団体（NPO）が数多く存在しているのである。さらに，一部の医療法人などがホームヘルプサービスなどに参入しようとする場合に，賃金コスト削減などを意図して，NPOの法人格を取得するケースもみられるのである。これでは，いくら自発的な市民活動団体といっても，そもそも事業体として長く存続し続けることができるのか懸念されるし，さらにまた，このようなNPOが介護労働者全体の労働条件改善の足を引っ張る可能性も否定できない。ホームヘルパー自身がそのようなところに，長く勤務する気にならないだろう。そして，このようなことは，高齢者への介護サービスの質の向上につながっていかないだろうことは明白であろう。さらに，将来的には，とくにホームヘルプ事業やグループホーム事業において，民間事業者とNPOの対立が惹起される可能性が高い点も指摘しておこう。

　働くホームヘルパーの側からすれば，NPOと民間の株式会社の違いはさして重要なことではない。「高齢者福祉の充実」で志を共にする数人の仲間が高齢者介護のNPOを立ち上げ，ホームヘルプサービスを始めた場合，彼らはミッションを重視し，したがって，ボランティアの延長上の賃金であるこ

とをいとわないであろう。それはそれで高齢者介護の1つの方向性としてあってよい。しかし，事業を拡張すれば，当初の出発メンバーだけでは対処できないために，「他人」（出発当時の仲間以外の者）を雇用することになる。一般に，新たに雇用される人達の場合，職場を選択する条件になるのは理念やミッションの高低ではなくて，賃金・労働条件であろう。「NPOでも，民間の株式会社でもどちらでもよく，賃金・労働条件が高いところを選ぶ」傾向が強いのである。また，利用者の側も，利用に当たっては「NPOでも民間の株式会社でもどちらでもいいからサービスのよいほうを選ぶ」傾向がみられる。実際，NPOが，利潤を追求する民間の株式会社よりも，サービスがよいとは言えない状況が現出しているのである。

　このように民間企業や行政と競合する分野で活動するNPOについては，ミッションを大事にしながら収益事業を展開するには多大な困難がつきまとうのである。筆者が知るいくつかのNPO法人においても，ミッションを大事にするのか収益事業を重視するのかで苦悩しているところが多いし，場合によっては一緒にNPO法人をつくった仲間同士が意見対立を起こし，最終的にNPO法人が分裂してしまうケースも存在したのである。

　根本的には，冒頭で述べたNPOの出てきた背景と関連する問題が重要である。つまり，NPOは，行政セクターや企業セクターがなかなか対応しきれない問題に果敢に対応する活動を行うという点で，行政セクターや企業セクターに対し，その活動優位性を発揮する。ところが，高齢者介護のNPOはこの2つのセクターの活動とほぼ類似の活動を行うことになるため，その活動優位性はなかなか鮮明にならない。高齢者介護のNPOが，とくに企業セクターと競争する中で，NPOのほうがサービスが優れている点を利用者に示すことが必要であるが，そのためにクリアすべき課題（良質なサービスを提供するための研鑽など）は多いのである。

　そこで，高齢者介護のNPOは介護保険の給付サービスに参入することに主眼をおくのではなく，NPOだからこそできる福祉サービスに重点をおくやり方をとったほうがよいだろう。民間営利に代わる使命＝ミッションを持

った活動が，高齢者福祉の領域で求められているのである。例えば，1人暮らしが長く孤独感が強い高齢者は話し相手を求めている。そこで，NPOが話し相手になってあげる。これは行政セクターで行うのは難しく，NPOが担うのがふさわしい。さらに，本人が在宅で暮らすことを強く希望する要介護度が高い高齢者の場合，現在は公的支援や民間のサービスだけで社会生活を営むことが難しい場合が少なくない。もちろん公的支援の一層の充実が図られることが重要だが，ただちには難しい。公的支援とNPOなど市民活動の支援システムの連携が重要になっているのであり，この面でのNPOの役割は大きい。収益事業（介護保険の給付サービス＝ホームヘルプサービスなど）を行う場合は，NPOだからこそできる福祉サービスでの実績をあげながら，収益事業での良質サービスの提供をめざすべきなのである。

なお，地域によっては，介護保険の給付サービスに民間事業者が参入せず，また行政や公益法人のサービス提供も少ないために，介護保険の給付サービスが明らかに不足している地域もある。このような地域では，NPOの介護保険の給付サービスへの参入意義は大きい。このような地域では，介護保険の給付サービス自体が「すきま市場」になっているのであり，NPOの介護保険の給付サービスへの参入は，地域住民のニーズに対応するもので，NPOの参入によって地域の介護力が高まっているのである。

◆5 今後のNPOの展望

今日，製造業から，サービス・ソフト化産業への転換の兆しがみえ始めている。そのような状況下で，もともと他地域に比べて製造業の基盤が脆弱であった北海道において，NPO活動が活発に推移している点は，雇用の問題を考える際にも注目される。北海道のNPO法人認証数は東京都，大阪府，神奈川県，千葉県につぐ第5位になっているのである（1998年12月1日から2005年11月30日までの累計）。そして，そこから，NPOが雇用の受け皿と

期待したい考え方もでてくるのだろう。だが、上述したように、ＮＰＯは、団体の規模、会員の特徴（年齢階層、所得階層など）、公益的性格の大小やミッションの高低、収益の規模、ＮＰＯスタッフの賃金・労働条件、事務局体制など課題は山積している。ミッションの高い一部のＮＰＯが社会に元気を与える役割を果たしている意義はあると考えるけれども、現時点では、雇用を考える際にＮＰＯに過度の期待を持つことはひかえたほうがよいだろう。

バブル経済の崩壊後の10数年間、製造業などの既存の営利企業を中心に、全国的に、創業率の低下と廃業率の増加がすすみ、また廃業に至らなくても規模の縮小がすすんだ。今後、少なくとも、短期的もしくは中期的には、このような既存産業のある程度の立て直しがないと、雇用の確保が難しい事実を、われわれはまず認識しておかなければならない。とくに、最近の景気回復からとり残されてしまった地域では、冷えきった地域経済をどのように立て直すのかが問われているのである。このような地域では、既存の中小企業を中心に企業が元気にならなければどうしようもない。まずは、これまでの産業蓄積をいかにして活用し、地域経済活性化につなげていくのかが重要なのである。そして、この点は、都道府県の施策を考えた場合、地味だが最重要施策の1つとして位置づけなければならないものであろうし、また、企業の労使双方が、この面において知恵を出し合わなければならない性格のものであろう。

ＮＰＯ活動は明らかに課題を抱えながらも、着実に前へ進む動きがみられる。今後の日本においては、行政セクターと企業セクターが対応するのが難しい課題が多数出てくるだろう。それだけにＮＰＯに期待するところは大きいと言える。将来的にはやはり行政セクターや企業セクターではなかなか事業としては成り立たない、いわゆる「すき間市場」を開拓したり、新しい社会的ニーズを掘りおこすことのできる分野で、ＮＰＯの事業拡大の可能性がある。分野によって条件は異なるけれども、ミッションを重んじることと事業拡大・収益増大が十分むすびつくと考えることができるのである。

また、ＮＰＯ法人に対する税制上の取り扱いの見直しも、ＮＰＯの発展に

とって必要だろう。現在，ＮＰＯ法人や社団法人，財団法人，学校法人，社会福祉法人などは，法人税について「原則非課税，収益事業のみ課税」とされている。つまり，出版や物品販売など33業種の収益事業に限って課税され，会費や補助金，寄付金などの収入は非課税扱いとなっている。このように，法人税法上の収益事業と認められたものについては，その所得に法人税が課されるが，税率についてはＮＰＯ法人よりも財団法人，社団法人，学校法人，社会福祉法人などのほうが恵まれている。ＮＰＯ法人の場合は所得金額800万円までは22％，800万円を超える場合は30％であるが，財団法人などは所得金額にかかわらず22％となっている。

さらに，社団法人，財団法人，学校法人，社会福祉法人などの他に，認定ＮＰＯ法人（ＮＰＯ法人の中で一定の要件を満たしていると国税庁長官が認めたＮＰＯ法人）についても，その収益事業に属する資産のうちからその収益事業以外の事業のために支出した金額を，その収益事業にかかわる寄付金の額とみなす，いわゆる「みなし寄付金制度」が適用されている。また，認定ＮＰＯ法人については，財団法人や社団法人と同様に，各事業年度において支出した寄付金の額の損金算入限度額は所得の20％まで，学校法人や社会福祉法人については，所得の50％（または200万円の大きいほうの金額）までとされ優遇されている。さらに，認定ＮＰＯ法人に対して寄付金を拠出した個人と法人は一定の寄付金を課税所得から控除できることになっており，このため認定ＮＰＯ法人は寄付金を集めやすくなっている。

このように，ＮＰＯ活動を税制面で優遇する施策が展開されてきていることは評価できる。ただし，認定ＮＰＯ法人の数は34にとどまっており（2005年7月現在），ＮＰＯ法人全体にしめる割合はきわめて小さい。そこで，ＮＰＯ法人の法人税率を財団法人や社団法人並みの税率にする問題とあわせ，多くのＮＰＯ法人にも「みなし寄付金」制度などを認める仕組みづくりが検討される必要があると考えるのである。その際にはＮＰＯ法人について相当の公益性が担保されるための基準や仕組みづくりが欠かせないことはいうまでもないことである。

❻ むすびにかえて

　今後の日本の社会にとって，ＮＰＯの役割は大きいはずである。また，本章で考察してきた狭義のＮＰＯだけではなく，社会福祉法人や財団法人，社団法人など，広い意味のＮＰＯの意義もまた大きいことをあらためて確認しなければならない。このような広い意味のＮＰＯも含めたＮＰＯの意義と役割を検証し，それを理論的にも根拠づけるわれわれの研究面の努力が，現在求められていると言うことができるのである。さらに，コミュニティビジネスの研究も，今後重要になる。その意味では，狭義のＮＰＯにこだわらず，もう少し広い視野を研究者自身が持たなくてはならないと言えよう。

　ＮＰＯは，中長期的には，ポスト工業化を象徴する経済主体の１つとして位置づけられるだろうし，「生活できる賃金が保障される」という意味での雇用の確保の重要な一翼を担う経済主体の１つとして，期待することも可能なのではないかと思われるのである。

《執筆者紹介》

横山純一（よこやま　じゅんいち）

1950年生まれ。東北大学経済学部卒業，東北大学大学院経済学研究科博士課程修了。尚絅女学院短期大学講師などを経て，1986年4月札幌学院大学商学部助教授，1995年4月北星学園大学文学部社会福祉学科教授，2000年4月北海学園大学法学部政治学科教授（現在に至る）。経済学博士（1988年2月，東北大学）。専攻は財政学，地方財政論。単著書に『高齢者福祉と地方自治体』（同文舘出版），共著書に『福祉政府への提言』（神野直彦・金子勝編，岩波書店），『住民による介護・医療のセーフティネット』（神野直彦・金子勝編，東洋経済新報社）などがある。1985年に論文「プロイセン地方財政調整の展開（1893-1913）―地方税負担の地域的不均衡とその解決策―」にて第11回東京市政調査会藤田賞を受賞。

| 平成18年2月28日　初版発行 | 《検印省略》 |
| 平成23年3月10日　初版4刷発行 | 略称―現代自治 |

現代地方自治の焦点

| 著　者 | 横　山　純　一 |
| 発行者 | 中　島　治　久 |

発行所　**同文舘出版株式会社**

東京都千代田区神田神保町1-41　〒101-0051
電話 営業(03)3294-1801　編集(03)3294-1803
振替 00100-8-42935
http://www.dobunkan.co.jp

©J. YOKOYAMA　　　　印刷・製本：KMS
Printed in Japan 2006

ISBN4-495-86591-9